Gerenciamento do escopo em projetos

GERENCIAMENTO DE PROJETOS

Gerenciamento do escopo em projetos

Mauro Afonso Sotille
Luís César de Moura Menezes
Luiz Fernando da Silva Xavier
Mário Luís Sampaio Pereira

4ª EDIÇÃO

Copyright © 2019 Mauro Afonso Sotille; Luís César de Moura Menezes;
Luiz Fernando da Silva Xavier; Mário Luís Sampaio Pereira

Direitos desta edição reservados à
FGV EDITORA
Rua Jornalista Orlando Dantas, 37
22231-010 | Rio de Janeiro, RJ | Brasil
Tels.: 0800-021-7777 | 21-3799-4427
Fax: 21-3799-4430
editora@fgv.br | pedidoseditora@fgv.br
www.fgv.br/editora

Impresso no Brasil / *Printed in Brazil*

Todos os direitos reservados. A reprodução não autorizada desta publicação, no todo ou em parte, constitui violação do copyright (Lei nº 9.610/98).

Os conceitos emitidos neste livro são de inteira responsabilidade dos autores.

1ª edição – 2007; 2ª edição – 2010; 3ª edição – 2014; 4ª edição – 2019

PREPARAÇÃO DE ORIGINAIS: Sandra Frank
REVISÃO: Aleidis de Beltran | Fatima Caroni
CAPA: aspecto:design
EDITORAÇÃO ELETRÔNICA: Abreu's System

Ficha catalográfica elaborada pela Biblioteca Mario Henrique Simonsen/FGV

> Sotille, Mauro Afonso
> Gerenciamento do escopo em projetos / Mauro Afonso Sotille... [et al.]. – 4. ed. – Rio de Janeiro : FGV Editora, 2019.
> 184 p.
>
> Em colaboração com: Luís César de Moura Menezes, Luiz Fernando da Silva Xavier, Mário Luís Sampaio Pereira.
> Publicações FGV Management.
> Área: Gerenciamento de projetos.
> Inclui bibliografia.
> ISBN: 978-85-225-2115-9
>
> 1. Administração de projetos. I. Menezes, Luís César de Moura. II. Xavier, Luiz Fernando da Silva. III. Pereira, Mário Luís Sampaio. IV. FGV Management. V. Fundação Getulio Vargas. VI. Título.
>
> CDD – 658.404

Aos nossos alunos e aos nossos colegas docentes, que nos levam a pensar e repensar nossas práticas.

Sumário

Apresentação	9
Introdução	11

1 | Fundamentos e processos do gerenciamento do escopo — 15
   O gerenciamento do escopo no contexto do gerenciamento
      de projetos — 16
   As falhas em projetos e o gerenciamento do escopo — 18
   Escopo do produto e escopo do projeto — 20
   O escopo do cliente — 21
   Gerenciamento por objetivos — 21
   Entregas — 24
   Gerenciando as expectativas das partes interessadas — 24
   Os grupos de processos do gerenciamento de projetos — 25
   Processos do gerenciamento do escopo do projeto — 29
   Goldplating — 33
   Adaptação (*tailoring*) — 33
   Considerações sobre o ciclo de vida do projeto — 34

2 | Planejar o gerenciamento do escopo — 37
   O plano de gerenciamento do escopo — 38
   Entradas para o plano de gerenciamento do escopo — 40
   Plano de gerenciamento do escopo: a contribuição
      das lições aprendidas e da opinião especializada — 49
   Plano de gerenciamento dos requisitos — 51

3 | Coletar requisitos — 53
   Requisitos — 53
   Técnicas para coletar requisitos — 56

Documentação dos requisitos	77
Matriz de rastreabilidade de requisitos	78
Matriz de correlação entre requisitos	78

4 | Definir o escopo — 81
A importância de uma boa definição do escopo — 81
Especificação do escopo do projeto: um documento-chave de consenso entre as partes interessadas — 83
Entradas para definir o escopo — 86
Como preparar uma boa especificação do escopo do projeto — 87
Diferenças entre a especificação do escopo do projeto e o termo de abertura do projeto — 94

5 | Criar a estrutura analítica do projeto (EAP) — 97
Decompondo o escopo — 98
Estratégia possível para a criação de uma EAP — 99
Os 10 mandamentos de uma EAP — 104
Estratégia *bottom-up* (de baixo para cima) *versus top-down* (de cima para baixo) — 109
Dicionário da EAP — 111

6 | Validar o escopo — 115
Monitoramento e validação do escopo do projeto — 115
Momentos da verdade: a voz do cliente no projeto — 119
A definição das entregas no projeto — 123
Como garantir as entregas no projeto — 126

7 | Controlar o escopo — 133
Entradas no processo — 134
O ciclo de controle do escopo — 137
Mudanças de escopo — 138
Finalizando o controle do escopo — 146
Fatores críticos no gerenciamento do escopo — 148

Conclusão	153
Referências	159
Apêndice	Exemplos de EAP	163
Autores	179

Apresentação

Este livro compõe as Publicações FGV Management, programa de educação continuada da Fundação Getulio Vargas (FGV).

A FGV é uma instituição de direito privado, com mais de meio século de existência, gerando conhecimento por meio da pesquisa, transmitindo informações e formando habilidades por meio da educação, prestando assistência técnica às organizações e contribuindo para um Brasil sustentável e competitivo no cenário internacional.

A estrutura acadêmica da FGV é composta por escolas e institutos, todos com a marca FGV, trabalhando com a mesma filosofia: gerar e disseminar o conhecimento pelo país. Dentro de suas áreas específicas de conhecimento, cada escola é responsável pela criação e elaboração dos cursos oferecidos pela FGV Educação Executiva, criada em 2003 com o objetivo de coordenar e gerenciar uma rede de distribuição única para os produtos e serviços educacionais da FGV.

Este livro representa mais um esforço da FGV em socializar seu aprendizado e suas conquistas. Foi escrito por professores da FGV, profissionais de reconhecida competência acadêmica e prática, o que torna possível atender às demandas do mercado, tendo como suporte sólida fundamentação teórica.

A FGV espera, com mais essa iniciativa, oferecer a estudantes, gestores, técnicos e a todos aqueles que têm internalizado o conceito de educação continuada, tão relevante na era do conhecimento na qual se vive, insumos que, agregados às suas práticas, possam contribuir para sua especialização, atualização e aperfeiçoamento.

Rubens Mario Alberto Wachholz
Diretor da FGV Educação Executiva

Sylvia Constant Vergara
Coordenadora das Publicações FGV Management

Introdução

O objetivo deste livro é apresentar referencial teórico necessário para aprimorar os conhecimentos no gerenciamento do escopo em projetos, incluindo conceitos e princípios do gerenciamento e a indicação de meios adequados para pôr em prática as informações aqui transmitidas. Os processos descritos neste livro podem ser aplicados a qualquer projeto, independentemente do negócio, cliente, solução ou abordagem.

É um guia para o gerenciamento do escopo, não uma prescrição. Os processos geralmente aceitos, descritos aqui, devem ser aplicados conforme requerido, de modo a atingir as necessidades específicas de cada projeto, sendo aplicáveis à maior parte dos projetos, na maior parte do tempo. Embora haja um consenso sobre seu valor e utilidade, os processos podem não se aplicar de modo uniforme a todos os projetos, cabendo à equipe de gerenciamento a definição do que é ou não apropriado a cada projeto.

A globalização, as tecnologias emergentes, a reestruturação das organizações e a busca pela eficiência na gestão empresarial tornam o gerenciamento de projetos assunto fundamental para a continuidade e sobrevivência das organizações.

Fundado em 1969, o Project Management Institute (PMI®) é a principal organização mundial no que se refere ao gerenciamento de projetos, contribuindo para o avanço da ciência e aplicação de modernas técnicas de gerenciamento de projetos. O PMI foi criado para desenvolver os padrões, avançar a ciência e promover a responsabilidade profissional no gerenciamento de projetos. Em seu estudo "Project management job growth and talent gap 2017-2027", o PMI estima que a contribuição de setores orientados a projetos para o PIB mundial chegue a US$ 20,2 trilhões nos próximos 20 anos e que, em média, 2,2 milhões de novas posições de papéis orientados a projetos vão ter de ser preenchidos, a cada ano, até 2027 (PMI, 2017b).

Um estudo do Standish Group (The Standish, 2015) indica que somente 29% dos projetos mundiais analisados foram bem-sucedidos ao cumprir o orçamento, cronograma e qualidade planejados. Entretanto, veja que o mesmo estudo indicou uma taxa de sucesso de 75% para projetos que empregam os conceitos modernos de gerenciamento de projetos. Esses fatos compõem as forças por trás do enorme interesse em técnicas modernas de gerenciamento de projetos.

O incremento no volume de projetos, aliado à necessidade de resultados mais rápidos, com maior qualidade e menor custo somente reforça a importância do bom gerenciamento do escopo dos projetos como forma de garantir que todo o trabalho necessário para a conclusão bem-sucedida de um projeto esteja descrito e aprovado para que possa ser controlado, e as necessidades dos clientes, atendidas.

No primeiro capítulo, temos a definição do que é o gerenciamento do escopo do projeto e sua contextualização no gerenciamento de projetos modernos. São definidos os conceitos de escopo e entrega, gerenciamento por objetivos, partes interessadas, e introduzidos os processos relacionados ao gerenciamento do escopo do projeto: planejar o gerenciamento do escopo, coletar requisitos, definir, decompor, verificar e controlar o escopo.

O segundo capítulo, além de tratar do termo de abertura do projeto, que vem a ser o documento que autoriza formalmente sua existência, e do registro das premissas, trata do planejamento do escopo e seus resultados principais: o plano de gerenciamento do escopo – que descreve como os escopos do projeto e do produto serão gerenciados e como as modificações no escopo vão ser integradas no projeto – e o plano de gerenciamento dos requisitos, ambos componentes do plano de gerenciamento do projeto.

A maioria dos projetos se inicia com algum tipo de requisito. Assim, o terceiro capítulo trata da coleta de requisitos e de técnicas recomendadas para esse propósito. As principais saídas desse processo são a documentação relacionada aos requisitos e a matriz de rastreabilidade dos requisitos.

O tema do quarto capítulo – definição do escopo – é o desenvolvimento de uma especificação detalhada do escopo do projeto, como a base para futuras decisões do projeto. A especificação do escopo do projeto inclui a descrição do escopo do produto, as principais entregas, critérios de aceitação, exclusões do projeto e uma descrição do que precisa ser realizado no projeto.

No quinto capítulo, que envolve a criação da estrutura analítica do projeto, você poderá verificar que o detalhamento adequado do escopo do projeto deverá proporcionar estimativas mais precisas e uma forma de medir o progresso e exercer controle, para a atribuição clara de responsabilidades e das tarefas do projeto.

O processo de obtenção da aceitação formal do escopo terminado e das entregas associadas pelas partes interessadas é abordado no sexto capítulo.

O último capítulo descreve como influenciar os fatores que criam mudanças no escopo do projeto e como controlar o impacto dessas mudanças, por meio de um sistema de controle de mudanças do escopo, parte de um sistema de gerenciamento integrado de mudanças do projeto. Além disso, você verá a razão de o escopo ser um fator crítico para o sucesso do projeto.

Por fim, são apresentadas as conclusões do que foi exposto ao longo deste livro.

É importante lembrar que, embora o termo "projeto" possa ser utilizado (por engenheiros e arquitetos, principalmente) para se referenciar a desenhos técnicos e arquitetônicos, este livro trata os projetos como empreendimentos.

Não esqueça, também, que qualquer projeto deve ser ligado às demandas negociais da organização e atender às necessidades explícitas e implícitas (os desejos) das partes interessadas.

Boa leitura.

1
Fundamentos e processos do gerenciamento do escopo

Neste capítulo você obterá informações sobre o gerenciamento do escopo e sua importância na definição do trabalho necessário para concluir o projeto.

Você já deve ter ouvido a expressão popular que diz "quem falha em planejar, planeja para falhar". Neste capítulo, veremos, então, a causa mais usual de falhas em projetos: a falta de planejamento. São feitas também a definição de entrega e a distinção entre escopo do produto e escopo do projeto, além de serem apresentados os processos do gerenciamento do escopo do projeto e sua relação com os grupos de processos do gerenciamento.

O gerenciamento do escopo do projeto é o processo que assegura que este contemple todo o trabalho necessário, e somente o trabalho necessário, para que termine com sucesso. O gerenciamento do escopo é a base para o planejamento do projeto e para a criação de sua linha de base (descrita a seguir), e deve ser conduzido de forma precisa, uma vez que forma a base do trabalho a ser desenvolvido no projeto (e a ser pago pelo cliente).

Uma linha de base é a versão aprovada de um produto de trabalho, somadas ou subtraídas as mudanças aprovadas. É comparada com o desempenho real para determinar se o desempenho está dentro dos limites de variação aceitáveis. Em geral, refere-se à linha de base atual, mas pode se referir à original ou a alguma outra linha de base. Normalmente é usada com um atributo modificador (por exemplo, linha de base do escopo, do desempenho de custos, do cronograma ou de medição do desempenho). Uma linha de base somente pode ser alterada por meio de procedimentos formais de controle de mudanças.

O gerenciamento do escopo no contexto do gerenciamento de projetos

O Project Management Institute (PMI, 2017a) define projeto como "um esforço temporário empreendido para criar um produto, serviço ou resultado único".

Segundo a norma NBR/ISO 10006 (ABNT, 2006, item 3.1), projeto é um

> processo único, consistindo de um grupo de atividades coordenadas e controladas com datas para início e término, empreendido para alcance de um objetivo conforme requisitos específicos, incluindo limitações de tempo, custo e recursos.

No mundo de negócios e mudanças rápidas em que vivemos hoje, temos de criar padrões, técnicas e ferramentas de modo a obter resultados de forma rápida e eficiente. O gerenciamento de projetos é descrito por muitos como "ciência para conseguirmos obter os resultados". Trata-se de iniciar, planejar, executar e controlar projetos até seu encerramento ordenado, consistindo na aplicação de conhecimentos, habilidades, ferramentas e técnicas com o objetivo de atingir ou até mesmo exceder as necessidades e expectativas dos clientes e demais partes interessadas em relação a um empreendimento.

As partes interessadas (*stakeholders*) são os indivíduos, grupos ou organizações, como clientes, patrocinadores, organizações executoras e o público, que possam vir a afetar, ser afetados ou sentir-se afetados por uma decisão, atividade ou resultado de um projeto (PMI, 2017a).

O conjunto de áreas de conhecimento do gerenciamento de projetos propõe práticas e princípios que devem ser utilizados para gerenciar o empreendimento. A área de conhecimento do gerenciamento do escopo do projeto é aquela que trata, principalmente, da definição e controle do que está e do que não está nele incluído, ou seja, a fundamentação do planejamento. Serve para a criação da linha de base do escopo, na qual estão contidos os elementos necessários para que possamos nos assegurar que o projeto inclui a descrição de todo o trabalho necessário para sua conclusão bem-sucedida. Assim, trabalho não descrito no plano de gerenciamento não faz parte do projeto.

Os projetos são um meio de organizar atividades que não podem ser abordadas dentro dos limites operacionais normais da organização e, portanto, são frequentemente utilizados como um meio de atingir as metas definidas no plano estratégico de uma organização. Os objetivos da organização são traduzidos em estratégias, as quais são implementadas por meio de projetos, como podemos ver na figura 1.

Figura 1
Projetos e planejamento estratégico

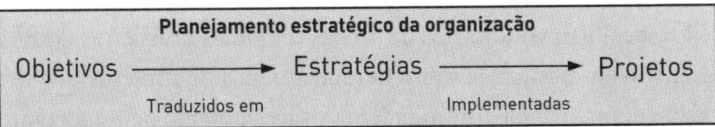

Os projetos devem estar de acordo com o plano estratégico da organização e permitir a criação de valor de negócio (o benefício, tangível e intangível, que os resultados do projeto fornecem). Desse modo, seu escopo deve estar relacionado à necessidade do negócio ou a outros estímulos que deram origem ao produto, sob pena de falhar.

As falhas em projetos e o gerenciamento do escopo

A falha em definir exatamente o que será feito provavelmente irá impactar o custo (e talvez o lucro) de um projeto, ou pior, resultar em um projeto que produz entregas que o cliente se recusa a aceitar.

Um dos aspectos de maior relevância em um projeto é o tempo dedicado ao planejamento do mesmo e, em particular, à caracterização do escopo. É no planejamento que atividades aparentemente simples são menosprezadas ou desconsideradas. É a etapa na qual se busca garantir que todas as partes interessadas, desde o contratante até cada um dos projetistas, tenham um conhecimento comum e preciso daquilo que deverá ser feito para gerar o produto desejado e nada mais do que o produto desejado. Em outras palavras, um conhecimento das necessidades e expectativas do cliente.

Espera-se que os projetos tenham um objetivo claro e entendido por todas as partes interessadas. A realidade, no entanto, pode ser bem diferente. Muitos projetos iniciam com uma ideia vaga do resultado final ou com apenas uma definição superficial. Assim, muitos projetos falham devido à má definição do escopo.

Desde 2003, voluntários de seções regionais brasileiras do PMI desenvolvem pesquisas sobre gerenciamento de projetos que têm trazido como principal resultado o posicionamento de importantes segmentos empresariais brasileiros em relação a aspectos relevantes para identificar o alinhamento das organizações às melhores práticas em gerenciamento. Graças a essas investigações, é possível estabelecer alguns contornos relativos ao gerenciamento de projetos no Brasil e em alguns outros países.

O resultado de uma dessas pesquisas, o relatório do PMSURVEY.ORG (2013), apresenta dados de 730 importantes organizações de vários portes e pertencentes a diversos setores econômicos, ajudando a ilustrar a importância relativa do planejamento e definição do escopo para o sucesso dos projetos. O quadro 1 lista os problemas que ocorrem com maior frequência nos projetos, relatados pelos pesquisados, em ordem decrescente.

Quadro 1
Problemas mais frequentes nos projetos

1. Problemas de comunicação	10. Estimativas incorretas ou sem fundamento
2. Não cumprimento dos prazos estabelecidos	11. Problemas com fornecedores
3. Escopo não definido adequadamente	12. Retrabalho em função da falta de qualidade do produto
4. Mudanças de escopo constantes	13. Falta de definição de responsabilidades
5. Recursos humanos insuficientes	14. Falta de apoio na alta administração/patrocinador
6. Riscos não avaliados corretamente	15. Falta de competência para gerenciar projetos
7. Concorrência entre o dia a dia e o projeto na utilização dos recursos	16. Falta de uma metodologia de apoio
8. Mudanças de prioridade constantes ou falta de prioridade	17. Falta de uma ferramenta de apoio
9. Não cumprimento do orçamento estabelecido	18. Clientes não satisfeitos

Fonte: PMSURVEY.ORG (PMI, 2013).

Grande parte dos problemas é decorrente da falta de planejamento e controle do escopo. A questão que se impõe, então, é determinar o que, afinal, se pretende fazer. A falha nessa determinação causa incremento não desejado do escopo, atrasos no cronograma, custos acima do previsto, falta de recursos de pessoal, mudanças de requisitos e especificações, qualidade abaixo da esperada, produtos que não satisfazem o cliente e até mesmo o cancelamento do projeto. Conforme a complexidade do projeto aumenta, o nível de risco ou incerteza ao tentar definir o escopo do trabalho provavelmente aumenta também.

É importante que seja notada a diferença entre escopo do produto e escopo do projeto. Ignorar essa diferença é um equívoco recorrente.

Escopo do produto e escopo do projeto

O escopo do produto está relacionado ao conjunto de características e funções que descrevem um produto, serviço ou resultado, seja ele parcial ou final. Está intimamente relacionado aos requisitos e especificações fornecidos pelo cliente e por outras partes interessadas, os quais podem ser mais ou menos detalhados. Muitas vezes, ele é desenvolvido pela equipe do projeto junto ao próprio cliente.

O escopo do projeto refere-se ao trabalho que deve ser realizado para entregar um produto, serviço ou resultado com as características e funções especificadas.

Segundo o PMI (2017a), a conclusão do escopo do projeto é comparada ao seu plano de gerenciamento; a conclusão do escopo do produto é comparada aos requisitos do produto. Note que o escopo do projeto é mais orientado ao trabalho em si (como fazer), enquanto o escopo do produto é mais orientado aos requisitos, principalmente os funcionais (o que fazer).

Muitas vezes, referências feitas de modo genérico ao escopo de um projeto na verdade incluem o escopo do seu produto.

Em geral, o resultado de um projeto pode incluir componentes auxiliares, cada um deles com seu próprio escopo do produto separado mas interdependente. Por exemplo, se você foi contratado para fazer um avião, uma das entregas é o próprio avião, porém existem outras entregas que são necessárias para o sucesso do projeto, como um hangar para fabricar o avião, simulador de voo, treinamento, dados etc.

O escopo do cliente

Xavier (2014:71) propõe que o escopo do projeto seja maior que o escopo para o cliente, como mostrado graficamente na figura 2, uma vez que depende da estratégia de condução do projeto:

> Por exemplo: um cliente solicita a construção de uma termoelétrica estabelecendo todas as características que ela deve ter, podendo ter fornecido inclusive um projeto básico de engenharia. Para que a termoelétrica seja construída são necessários: aquisição das turbinas, transporte marítimo e terrestre, seguro e outras entregas, como as do gerenciamento do projeto, não solicitadas explicitamente pelo cliente, neste caso.

Figura 2
Escopo do projeto × escopo para o cliente

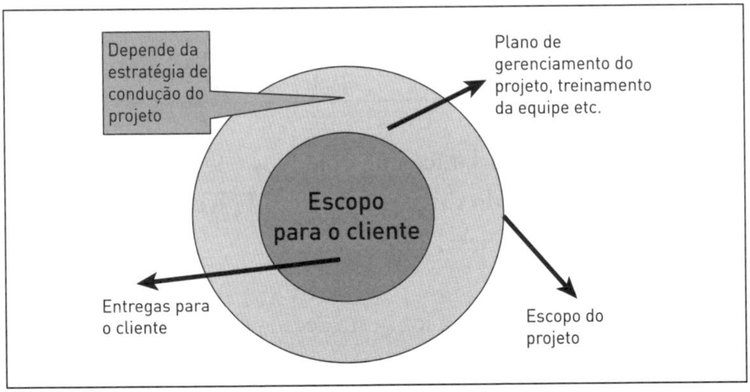

[Diagrama: círculo maior "Escopo do projeto" contendo círculo menor "Escopo para o cliente". Legendas: "Depende da estratégia de condução do projeto"; "Plano de gerenciamento do projeto, treinamento da equipe etc."; "Entregas para o cliente"; "Escopo do projeto".]

Fonte: Xavier (2014:71).

Gerenciamento por objetivos

Durante o gerenciamento do escopo, os escopos do produto e do projeto devem ser integrados, bem como as entregas das diferentes especialidades funcionais, de modo a viabilizar que o projeto venha a ser gerenciado por objetivos.

O gerenciamento por objetivos é uma filosofia administrativa que preconiza que uma organização deve ser gerenciada por objetivos ou metas. É necessário estabelecer objetivos realistas e não ambíguos, avaliar periodicamente se eles estão sendo atingidos e, se necessário, realizar ações corretivas.

É uma abordagem sistêmica muito utilizada para dirigir e controlar projetos, alinhando as metas do empreendimento àquelas da organização, às subatividades organizacionais e às metas individuais. Uma regra prática é definir objetivos SMART, descritos no quadro 2.

Quadro 2
Objetivos SMART

❑ *Specific*	Específico
❑ *Measurable*	Mensurável
❑ *Achievable*	Realizável
❑ *Relevant*	Relevante
❑ *Time-framed*	Dentro de um prazo

Um exemplo de declaração de objetivos que inclui as características SMART é a do discurso de John F. Kennedy, em 1963, capturado em vídeo (Nasa, 2001).

> Nós escolhemos ir para a lua nesta década e fazer as outras coisas, não porque elas são fáceis, mas porque elas são difíceis, porque o objetivo irá servir para organizar e medir o melhor da nossa energia e habilidades, porque este desafio é somente um dos que nós desejamos aceitar, um que nós não desejamos fazer mais tarde e um que nós desejamos vencer, e os outros, também...
>
> Nós sentimos o chão tremer e o ar se partir com o teste de um foguete Saturno C-1, muito mais poderoso que o Atlas que lançou John Glenn, gerando uma força equivalente a 10 mil automóveis

com sua aceleração máxima. Nestes últimos 19 meses, pelo menos 45 satélites orbitaram a Terra, quase 40 deles foram feitos nos Estados Unidos.

Durante os próximos cinco anos a Aeronáutica Nacional e a Administração Espacial esperam dobrar o número de cientistas e engenheiros nesta área, aumentar salários e despesas para US$ 60 milhões por ano; investir por volta de US$ 200 milhões em fábricas e laboratórios e dirigir ou contratar mais de US$ 1 bilhão visando esforços espaciais a partir deste centro, nesta cidade.

A figura 3 apresenta os tipos de objetivos mais típicos e talvez os mais importantes de qualquer projeto. Tradicionalmente, os projetos são restringidos por um orçamento e uma data de encerramento e desempenho desejados. Modernamente, se inclui o escopo claramente definido, que represente as expectativas das partes interessadas. Além disso, gerenciar um projeto inclui o balanceamento de outras restrições conflitantes não apresentadas na figura, como os recursos e os riscos, por exemplo.

Figura 3
Alguns dos objetivos (restrições) típicos de um projeto

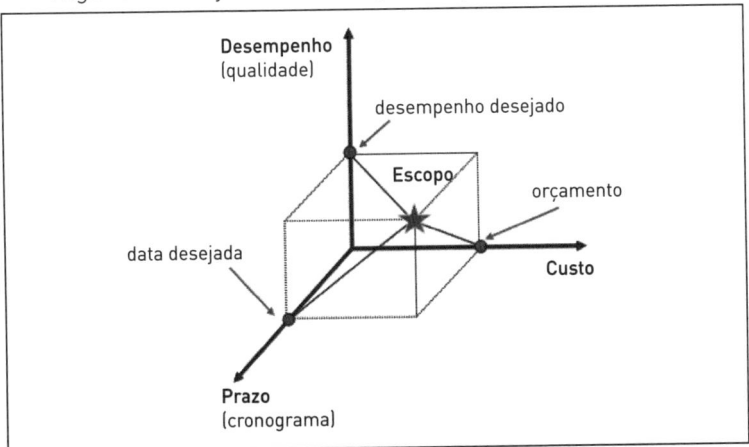

Para os objetivos ligados ao escopo, devem ser definidas entregas, que serão verificadas para determinar se o objetivo realmente foi atingido.

Entregas

Uma entrega é qualquer produto, resultado ou capacidade para realizar um serviço exclusivo e verificável que deve ser produzido para encerrar um processo, uma fase ou um projeto.

É uma prova de uma atividade concluída que produz um resultado. É tangível e pode ser medida. Permite forte comprometimento pessoal e gerenciamento por objetivos. As entregas são definidas no início do projeto (ou da fase) e aceitas/aprovadas no final do projeto (ou da fase), podendo sua conclusão tornar-se um marco (um ponto ou evento significativo no projeto) quando possuem uma característica de decisão importante.

É necessário, então, que o gerente de projetos seja proativo, uma vez que o maior desafio ao se gerenciar um projeto consiste em levantar com clareza e previsão as entregas, os produtos ou serviços do empreendimento.

Gerenciando as expectativas das partes interessadas

Determinar expectativas ou desejos das partes interessadas no projeto requer proatividade e habilidade de comunicação, já que muitas vezes nem mesmo o cliente tem uma ideia clara das entregas ou do objetivo do projeto.

Veja este caso: na década de 1920-1930, as redes de cabelo eram muito populares entre as mulheres, que demandavam dos respectivos fabricantes que tais produtos cumprissem a função de prender o cabelo, fossem esteticamente agradáveis e confortáveis. Os gerentes de projeto dos fabricantes de redes de cabelo esforçaram-se para cumprir tais requisitos e efetivamente os cumpriram.

Ocorre que, na mesma época, surgiram produtos substitutos das redes, com características que agradaram mais às clientes, tais como fixadores de cabelo líquidos e, posteriormente, em *spray*.

Resultado: a despeito de as próprias usuárias e clientes potenciais terem definido os requisitos das redes de cabelo, o produto acabou sendo preterido em razão das novas alternativas recém-criadas. Mas por quê?

A razão do insucesso nesse caso foi a falha na determinação da real necessidade do cliente (implícita), que na realidade não era rede de cabelo e sim a fixação do cabelo.

Uma regra prática para a correta determinação do escopo do projeto é fazer o que o cliente quer, não o que ele diz que quer. "Eu sei que você acredita que entendeu o que você pensa que eu disse, mas eu não estou certo que você compreendeu que o que você ouviu não é o que eu quis dizer" (autor anônimo).

Cabe ao gerente e à sua equipe envolver as partes interessadas no processo de gerenciamento do escopo em todas as suas fases, tornando-os corresponsáveis pelo sucesso do projeto. Recomenda-se que as principais partes interessadas no projeto participem desde sua definição até os testes do produto final.

Esse envolvimento deve ocorrer durante a execução de todos os processos de gerenciamento do escopo, descritos a seguir.

Os grupos de processos do gerenciamento de projetos

Para gerenciar projetos, devem ser desenvolvidos processos. Um processo é um conjunto de ações e atividades inter-relacionadas, que visam, por meio da utilização de conhecimento, habilidades, ferramentas e técnicas, à obtenção de um conjunto pré-especificado de produtos, resultados ou serviços.

Os processos buscam responder às seguintes questões:

- quem são as partes interessadas;
- o que deve ser produzido;
- por que devemos fazê-lo;
- quando será feito;
- onde será feito;
- quanto custará;
- como será feito.

Para tanto, é necessário que os processos contenham procedimentos documentados que descrevam como será feita a implantação.

Os processos das áreas de conhecimento privilegiadas no gerenciamento de um projeto estão agrupados conforme o ciclo de vida do gerenciamento, levando-se em conta a integração entre os processos, as interações dentro deles e os objetivos a que atendem.

São cinco os grupos de processos do gerenciamento de projetos:

- grupo de processos de iniciação;
- grupo de processos de planejamento;
- grupo de processos de execução;
- grupo de processos de monitoramento e controle;
- grupo de processos de encerramento.

Os grupos de processos não são separados ou descontínuos, nem acontecem uma única vez durante todo o projeto, sendo formados por atividades que se sobrepõem e ocorrendo em intensidade variável ao longo de cada fase do projeto. A figura 4 apresenta o relacionamento entre os grupos de processos do gerenciamento de projetos.

FUNDAMENTOS E PROCESSOS DO GERENCIAMENTO DO ESCOPO

Figura 4
Grupos de processos do gerenciamento de projetos

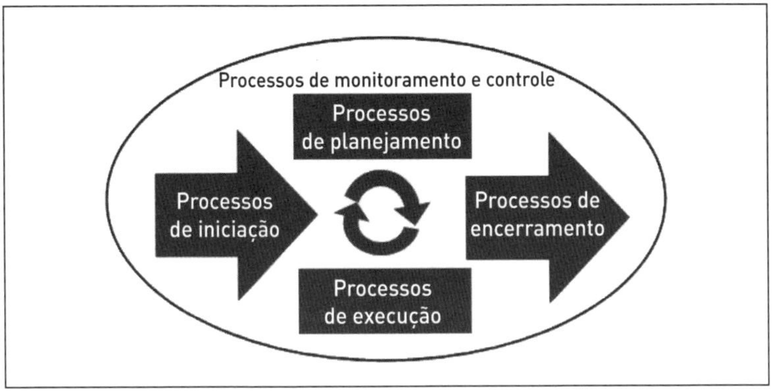

```
Processos de monitoramento e controle
    Processos
    de planejamento
Processos                    Processos de
de iniciação                 encerramento
    Processos
    de execução
```

Fonte: adaptada de PMI (2017a).

Cada grupo de processos é descrito a seguir, juntamente com atividades integradoras que visam identificar, definir, combinar, unificar e coordenar os diversos processos. Esses grupos de processos conectam-se pelos resultados que produzem; o resultado ou saída de um grupo torna-se entrada para outro.

Grupo de processos de iniciação

O grupo de processos de iniciação define e autoriza o projeto ou uma de suas fases. Inclui desenvolver o termo de abertura do projeto, que formalmente autoriza um projeto ou uma fase, e a documentação dos requisitos iniciais que satisfaçam as necessidades e expectativas das partes interessadas e da declaração do trabalho, uma descrição narrativa dos produtos, serviços ou resultados a serem fornecidos mediante contrato. Tais documentos são fundamentais como entradas para identificar as pessoas ou organizações que podem ser afetadas pelo projeto, para desenvolver o plano de gerenciamento e para coletar requisitos.

Projetos são autorizados devido a necessidades dos negócios internos ou a influências externas. A medição do valor ou atratividade de diferentes alternativas de condução do projeto normalmente foi realizada previamente ao início dos trabalhos e está contida no *business case*, ou documento semelhante, que fornece informações necessárias do ponto de vista de um negócio, para determinar se o projeto justifica ou não o investimento.

Grupo de processos de planejamento

É no grupo de processos de planejamento que encontramos a maior parte dos processos ligados ao gerenciamento do escopo. Ele define e refina os objetivos e planeja a ação necessária para alcançar os objetivos e o escopo para os quais o projeto foi criado. O plano de gerenciamento do projeto resultante inclui as ações necessárias para definir, coordenar e integrar todos os planos auxiliares, entre eles o plano de gerenciamento do escopo e o plano de gerenciamento de requisitos.

Grupo de processos de execução

O grupo de processos de execução integra pessoas e outros recursos para realizar o que foi definido no plano de gerenciamento do projeto, possibilitando que o gerente, em conjunto com a equipe de gerenciamento, oriente o desempenho das atividades planejadas para cumprir as especificações e realizar o escopo do projeto.

Grupo de processos de monitoramento e controle

Medir e monitorar regularmente o progresso para identificar variações em relação ao plano de gerenciamento do projeto, de forma que possam ser tomadas ações corretivas quando preciso, a fim de atender aos objetivos do projeto. Esse é o objetivo do grupo de processos de monitoramento e controle, que está ligado à avaliação do desempenho e à comparação do desempenho real do projeto com seu plano de gerenciamento.

Grupo de processos de encerramento

Esse é o grupo de processos executados para finalizar todas as atividades, de todos os grupos de processos de gerenciamento, visando completar formalmente o projeto ou a fase, formalizar a aceitação do produto, serviço ou resultado, coletar os registros e garantir que eles reflitam as especificações finais, analisando o sucesso ou fracasso do projeto ou da fase e reunindo lições aprendidas.

Processos do gerenciamento do escopo do projeto

O gerenciamento do escopo envolve os processos necessários para garantir que o projeto inclua todo o trabalho necessário, e somente o trabalho necessário, para que seja completado com sucesso (PMI, 2017a), ou seja, o gerenciamento do escopo visa definir o que está e não está incluído no projeto. Os processos específicos de gerenciamento do escopo fazem parte dos grupos de processos do gerenciamento do projeto, interagindo entre si e também com processos de outras áreas de conhecimento para que o resultado do trabalho do projeto seja a entrega do escopo especificado.

Desenvolver esses processos envolve decidir entre objetivos e alternativas que competem entre si, de modo a atender ou exceder as necessidades e expectativas das partes interessadas. Cada processo pode envolver o esforço de uma ou mais pessoas ou de grupos de pessoas, com base nas necessidades do projeto, e ocorre pelo menos uma vez em todos os empreendimentos e também em uma ou mais de suas fases se ele estiver dividido em fases.

Os processos de gerenciamento do escopo do projeto e suas ferramentas e técnicas associadas podem variar conforme a área de aplicação, sendo normalmente definidos como parte do ciclo de vida do projeto. Segundo o PMI (2017a), são seis os processos a serem desenvolvidos para gerenciar o escopo do projeto, descritos a seguir: planejar o gerenciamento do escopo, coletar requisitos, definir o escopo, criar a EAP (estrutura analítica do projeto), validar o escopo e controlar o escopo.

Planejar o gerenciamento do escopo

Este é um processo formal que resulta na produção de um plano de gerenciamento do escopo (detalhado no capítulo 2), que é um plano de gerenciamento auxiliar, parte do plano de gerenciamento do projeto. O plano de gerenciamento do escopo documenta como os escopos do projeto e do produto serão definidos, validados e controlados, incluindo um mecanismo para gerenciar mudanças no escopo.

Coletar os requisitos

É parte do grupo de processos de planejamento e envolve determinar, documentar e gerenciar as necessidades, as funções e funcionalidades do projeto e do produto necessárias para satisfazer as expectativas das partes interessadas, a fim de atender os objetivos do projeto.

Os requisitos devem ser obtidos, analisados e registrados, uma vez que se transformam na fundação do escopo e influenciam o planejamento do custo, do cronograma e da qualidade do projeto.

Definir o escopo

Como parte do grupo de processos de planejamento, é o processo de desenvolvimento de uma descrição detalhada do projeto e do produto.

O desenvolvimento de uma especificação do escopo do projeto detalhada, com base nos requisitos das partes interessadas, é a base para futuras decisões do projeto. Apesar de a especificação aprovada do escopo ser fundamental, é importante notar que apenas uma descrição precisa do trabalho a ser realizado não é suficiente para o controle e acompanhamento da execução das entregas do projeto durante o dia a dia.

Criar a estrutura analítica do projeto

Parte do grupo de processos de planejamento, a decomposição do escopo em componentes menores e mais facilmente gerenciáveis introduz a estrutura analítica do projeto (EAP) como ferramenta para atingir o detalhamento necessário da definição do escopo. Para tanto, é realizada a subdivisão das principais entregas e do trabalho do projeto em componentes menores e mais facilmente gerenciáveis.

A EAP visa melhorar a definição de atividades, a precisão das estimativas de custo, duração e recursos, facilitando a atribuição de responsabilidades. Ela permitirá a precisa mensuração e o acompanhamento do desempenho das atividades de execução do escopo, organizando o projeto e definindo as tarefas que devem ser realizadas em sua concepção, desenvolvimento, execução e outras fases. O dicionário da EAP conterá o detalhamento de seus componentes.

Essa estrutura detalhada é a fundação sobre a qual o projeto é construído e um dos grandes tópicos que se deve dominar visando ao adequado gerenciamento de um projeto. É necessário compreender as técnicas para desenvolvê-la e praticá-la, uma vez que questões como "o que você faria nesta situação?" podem ser muito difíceis se você nunca completou uma EAP para um projeto real.

Validar o escopo

É parte do grupo de processos de monitoramento e controle, envolvendo a formalização da aceitação, pelo cliente ou pelo patrocinador, das entregas concluídas do projeto.

Controlar o escopo

Parte do grupo de processos de monitoramento e controle. Coloca em prática o mecanismo de monitoramento das mudanças no escopo do projeto. O término do escopo é medido em relação ao plano de gerenciamento do projeto, que contém a linha de base do escopo, e em relação aos requisitos.

Muitas vezes, a equipe resolve entregar ao cliente mais do que foi especificado no plano do gerenciamento do projeto, que, assim, produz resultados além daqueles planejados, o que é conhecido pela expressão *goldplating*.

Goldplating

Deve-se dar ao cliente exatamente o especificado, nem mais nem menos. A expressão *goldplating* (banhar a ouro) refere-se a fornecer ao cliente mais do que foi especificado (funcionalidades extras, escopo adicional, componentes de maior qualidade ou desempenho melhor que o esperado), sem que isso tenha sido solicitado, o que pode ser uma perda de tempo e não ter benefício para o projeto, uma vez que não se garante estar fornecendo um produto melhor, mas sim diferente do planejado, com todos os riscos de aumento de custo, prazo e perda de qualidade. Geralmente, as adições são baseadas na percepção da equipe do projeto sobre aquilo de que a partes interessadas gostariam (e percepções podem não ser corretas). É baixo o percentual de projetos bem-sucedidos; logo, a equipe deve se concentrar apenas em completar o escopo do trabalho, conforme planejado.

Adaptação (*tailoring*)

Adaptação envolve selecionar os processos, técnicas e fases de ciclo de vida apropriados para gerenciar o escopo do projeto. A adaptação pode ser necessária porque cada projeto é único e a abordagem utilizada pode variar com base no ambiente e nas necessidades das partes interessadas.

As considerações para adaptação incluem considerar: os diversos níveis de governança nos quais o projeto irá operar; se a organização tem sistemas para gerenciamento de conhecimento e requisitos, políticas, procedimentos e diretrizes para validação e controle; a estabilidade dos requisitos; a cultura da organização; se o cliente do projeto é interno ou externo à organização; o ciclo de vida ou abordagem utilizada para gerenciar o projeto, entre outras variáveis.

Considerações sobre o ciclo de vida do projeto

O ciclo de vida do projeto pode variar de abordagens preditivas a abordagens adaptativas ou ágeis.

Em um ciclo de vida preditivo, ou tradicional, a coleta de requisitos, a definição do escopo e as entregas são definidas no início do projeto e atualizadas conforme necessário, mediante mudanças progressivas no escopo.

Projetos com requisitos emergentes ou em evolução, com altos níveis de mudança ou risco significativo, podem se beneficiar de um ciclo de vida adaptativo ou ágil, no qual as entregas são desenvolvidas em várias iterações, mudando com frequência e evoluindo durante o projeto. Nesse caso, o escopo geral é desmembrado em um conjunto de requisitos e trabalhos a serem executados, os quais constituem o *backlog* do produto. No início de cada iteração a equipe determina quantos e quais são os itens prioritários da lista de *backlog*, definindo e aprovando o escopo detalhado a ser entregue na iteração. Desse modo, o escopo é definido e redefinido ao longo do projeto.

Em um projeto preditivo, a validação do escopo ocorre em cada entrega ou revisão de fase e seu controle é um processo contínuo. Os projetos com ciclo de vida adaptativo, no entanto, requerem engajamento constante das partes interessadas. Os representantes do patrocinador e do cliente devem estar continuamente envolvidos para fornecer o *feedback* sobre as entregas, à medida que elas são criadas, a fim de garantir que o *backlog* do produto reflita suas necessidades atuais. Desse modo, a validação e controle do escopo são repetidos a cada iteração.

* * *

Neste capítulo, vimos a importância do gerenciamento do escopo como parte do conjunto de conhecimentos necessários para gerenciar um projeto. Infelizmente, a maioria dos projetos falha, e entre as principais causas disso está a falta de planejamento. Concluímos, então, que o desenvolvimento de um plano de gerenciamento do projeto, a determinação das expectativas explícitas e implícitas das partes interessadas e a correta definição e decomposição do escopo são fundamentais para incrementar as possibilidades de sucesso.

Para que o escopo do projeto seja adequadamente documentado, viabilizando seu controle, é necessário um plano de gerenciamento do escopo, cuja composição está descrita no capítulo a seguir, em que também veremos um documento que visa não deixar dúvidas para a organização sobre quem é o responsável por conduzir o projeto e quais seus objetivos: o termo de abertura.

2
Planejar o gerenciamento do escopo

Prezado leitor, queremos convidá-lo a fazer uma reflexão: será compensatório o trabalho de criação de um plano para gerenciar o escopo, definindo-o, validando-o e controlando-o? Valerá o custo de oportunidade da equipe?

Não há dúvida de que o senso comum indica o "sim" como resposta a tais questões. Ao levarmos em consideração que o objetivo fundamental do esforço de planejamento deve ser o de prover uma orientação consistente e realista a respeito do que deve ser gerado pelo projeto e de como isso deve ser executado e controlado, os benefícios de um adequado planejamento do escopo ganham contornos decisivos, já que qualquer projeto embute determinado nível de incerteza. A própria definição formal de projeto nos lembra de que a solução gerada será, em alguma extensão, única, demandando, portanto, atenção singular e específica para seu planejamento. Em contrapartida, tal determinação de planejar disciplinadamente o escopo é constantemente desafiada pelo contexto de negócios das organizações. Esse ambiente, pleno de oportunidades e desafios estratégicos, operacionais e técnicos, ao mesmo tempo que restringe, passa a exigir dedicação à aplicação efetiva das boas práticas em gerenciamento de projetos como um mecanismo eficaz de geração de soluções no escopo estabelecido, dentro do prazo e do orçamento contratados e de acordo com os níveis de qualidade acordados.

Esse é o contexto no qual apresentaremos o planejamento do escopo, de tal forma que justifique um "sim" enfático às perguntas apresentadas. Para tanto, focaremos na principal entrega desse processo, o plano de gerenciamento do escopo, por meio de seus principais componentes, insumos e técnicas de preparação.

O plano de gerenciamento do escopo

Um bom plano de gerenciamento de escopo deve conter diretrizes sobre como os escopos do projeto e do produto serão definidos, desenvolvidos, monitorados, controlados e validados (PMI, 2017a). O sucesso do gerenciamento do projeto passa por cumprir o plano de gerenciamento do escopo.

O plano de gerenciamento do escopo fornece orientações sobre como gerenciar o escopo durante o projeto, incluindo regras e referências para a construção e manutenção da linha de base do escopo, a qual é composta pela especificação do escopo, EAP e dicionário da EAP (detalhados, respectivamente, nos capítulos 3 e 4). A linha de base é refinada progressivamente ao longo de todo o projeto, sendo utilizada como base de comparação durante a validação e o controle do escopo. E o guia para a construção e o aprimoramento contínuo dessa linha de base deve ser o plano de gerenciamento do escopo.

É fundamental manter em perspectiva que o nível de detalhamento desse plano deve corresponder às demandas típicas do porte do projeto. Essa classificação deve ser aderente à realidade do projeto e gerada a partir de uma combinação equilibrada entre diversas características e restrições do projeto que competem entre si por recursos, tais como impacto para a organização, complexidade, ineditismo, riscos envolvidos, tempo (prazo), habilidades e quantidade dos profissionais e recursos disponíveis e necessários. Os benefícios de produzir e manter o plano de gerenciamento do escopo devem superar seus custos, conforme demonstrado esquematicamente na figura 5.

Figura 5
Alguns benefícios e custos
associados ao planejamento do escopo

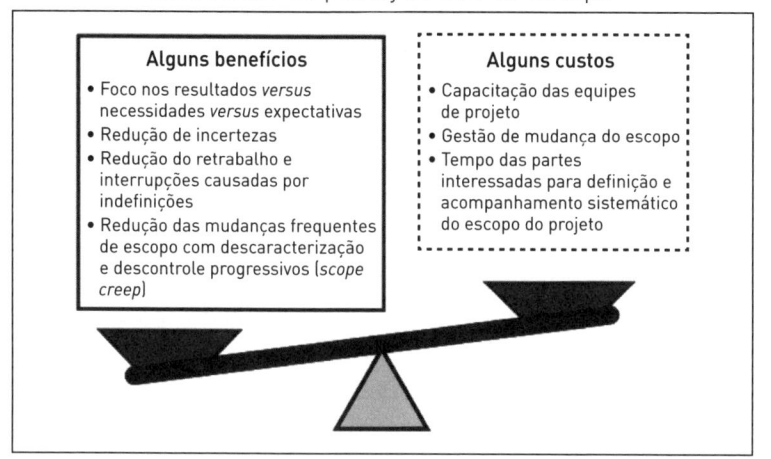

Alguns benefícios	Alguns custos
• Foco nos resultados *versus* necessidades *versus* expectativas • Redução de incertezas • Redução do retrabalho e interrupções causadas por indefinições • Redução das mudanças frequentes de escopo com descaracterização e descontrole progressivos (*scope creep*)	• Capacitação das equipes de projeto • Gestão de mudança do escopo • Tempo das partes interessadas para definição e acompanhamento sistemático do escopo do projeto

O conteúdo do plano de gerenciamento do escopo inclui:

- roteiro de preparação da especificação do escopo de projeto (descrito no capítulo 4);
- procedimentos para construção da estrutura analítica de projeto (EAP) e do dicionário da EAP, com as respectivas regras para sua aprovação e manutenção ao longo do projeto (mencionados no capítulo 5);
- regras sobre a aceitação formal das entregas, como o uso de um formulário padrão, por exemplo (mencionadas no capítulo 6).

Mudanças no escopo devem seguir o processo de controle integrado de mudanças no projeto, que, em geral, inclui procedimentos formais, registrados, que definem os passos segundo os quais documentos oficiais do projeto podem ser alterados. Tais procedimentos constituem um sistema de gerenciamento de mudanças e/ou configuração, que inclui os documentos, sistemas de acompanhamento e níveis de aprovação necessários para autorizar mudanças, além de procedimentos para lidar com mudanças que devem ser aprovadas sem revisão, em caráter emergencial. O gerenciamento de configuração descreve como as informações sobre os itens do projeto (e quais itens) serão registradas e atualizadas para que o resultado do projeto permaneça consistente. O controle de versões está ligado à gerência de configuração.

Entradas para o plano de gerenciamento do escopo

Toda boa receita é composta de bons insumos (entradas). Para a geração do plano de gerenciamento do escopo, as boas práticas (PMI, 2017a) recomendam o uso de determinadas informações, tais como:

- as informações contidas no termo de abertura do projeto (descrito mais adiante, neste capítulo);
- outros planos subsidiários contidos no plano de gerenciamento do projeto, como o plano de gerenciamento da qualidade, a descrição do ciclo de vida do projeto e a abordagem de desenvolvimento;
- fatores ambientais da empresa, como a cultura da organização, infraestrutura, administração de pessoal e condições de mercado;
- informações históricas e lições aprendidas, além de políticas e procedimentos contidos nos ativos de processos organizacionais.

A seguir, essas informações serão descritas com mais detalhes.

Termo de abertura do projeto

É um documento que autoriza formalmente o início de um projeto e confere ao gerente a autoridade necessária para aplicar recursos da organização nas atividades do projeto (PMI, 2017a). Seu conteúdo é uma entrada-chave para definição dos requisitos, conforme apresentaremos mais adiante, no capitulo 3. O termo de abertura serve também de referência para tomadas de decisão sobre o prosseguimento do projeto, em particular nos seus estágios iniciais, pois consolida informações preliminares sob níveis normalmente elevados de incerteza.

Segundo Kerzner (2009), o conceito original do termo de abertura, restrito à indicação do gerente e suas respectivas autoridade e responsabilidade no projeto, evoluiu, transformando-o numa espécie de contrato entre as partes interessadas. Essa função ampliada implica que esse documento seja aprovado por algum profissional da empresa com autoridade suficiente para respaldar a alocação de recursos necessários ao projeto – mesmo não assinando o termo de abertura, o gerente deve participar ativamente de sua confecção, juntamente com a equipe sob sua liderança. Mudanças relevantes na essência dessas informações devem disparar uma nova rodada de validação entre as partes interessadas.

Várias organizações incentivam o detalhamento desse documento com o intuito de qualificar a subsequente elaboração do plano de gerenciamento do projeto. O termo de abertura pode ser detalhado ou simples, às vezes na forma de um simples *e-mail*. O PMI (2017a) sugere que esse documento inclua, além das principais partes interessadas e da designação do gerente do projeto, as necessidades do cliente (como o propósito ou justificativa do projeto, objetivos mensuráveis, critérios de sucesso relacionados e requisitos de alto nível e de aprovação do empreendimento), a descrição do novo produto, serviço ou resultado. As premissas estratégicas e operacionais de alto nível (hipóteses) e restrições podem ser incorporadas ao termo de abertura ou apontadas no registro de premissas, que é usado para registrar todas as premissas e restrições durante todo o ciclo de vida do projeto, inclusive as premissas de atividade e tarefas de baixo nível. O termo de abertura pode incluir também riscos, cronograma resumido e recursos financeiros pré-aprovados. A seguir descrevemos alguns desses itens.

Objetivos

As justificativas de um projeto estão normalmente associadas a uma requisição do cliente (interno ou externo) ou a uma combinação de oportunidades e necessidades, como demanda potencial do mercado, aprimoramento da eficiência organizacional, exploração de novas tecnologias ou imposições de ordem regulatória, técnica, social ou fiscal. É muito importante que as partes interessadas sejam capazes de responder quais são os resultados esperados com o uso da solução gerada pelo projeto, conferindo aos seus esforços e investimentos uma perspectiva de convergência de interesses.

É com base nas justificativas que os objetivos do projeto devem ser progressivamente detalhados e validados com as partes interessadas, sempre no formato SMART, conforme apresentamos no item "Gerenciamento por objetivos", no capítulo 1 deste livro.

Maximiano (2002) sugere que duas dimensões devem ser focadas: os objetivos imediatos e os finais.

- O objetivo imediato invariavelmente chama muito mais a atenção das partes interessadas, em especial dos clientes, e corresponde à função que o produto do projeto deve cumprir. Por exemplo, o desenvolvimento de um novo motor tem como objetivo imediato a substituição dos atuais; a realiza-

ção de um festival beneficente tem como objetivo imediato angariar fundos, e assim por diante.
- Já o objetivo final, ou de alto nível, é de extremo interesse dos investidores, patrocinadores ou acionistas do projeto e traduz a utilidade do objetivo imediato: a substituição dos motores, mencionada acima, permite o atendimento da legislação e a permanência da empresa no mercado (objetivos finais); os fundos angariados permitem a sobrevivência da instituição que os recebe, justamente o objetivo final do trabalho empreendido.

Segundo Maximiano (2002:57),

> a distinção entre esses diferentes níveis de objetivos é uma exigência em determinadas metodologias de administração de projetos, especialmente nas que são utilizadas pelas agências de desenvolvimento, como o Pnud e o Banco Mundial. Embora essa exigência não seja costumeira em outros ambientes, trata-se de uma forma estratégica de abordar o encadeamento dos objetivos de um projeto.

Por certo, o prezado leitor tem ciência de que, talvez, nem todos os objetivos possam ser satisfeitos integral e simultaneamente. Aliás, o desafio central do gerenciamento de projetos reside na necessidade de priorizá-los e balanceá-los, gerindo os recursos, tipicamente escassos e críticos, de forma a produzir o resultado final conforme contratado. Dessa forma, quanto maior a precisão e o consenso entre as partes interessadas a respeito dos objetivos, maior será a probabilidade da definição de um bom escopo, melhor a equalização das expectativas das partes interessadas e, por extensão, maiores as chances de sucesso do projeto.

Visão geral do produto do projeto

O termo de abertura deve contemplar uma descrição de alto nível do produto, serviço ou resultado do projeto, com suas principais caraterísticas ou condições e capacidades que devem ser encontradas ou possuídas pelos seus componentes para satisfazer cláusulas contratuais, padrões, especificações técnicas ou outras definições. Podem ser mencionadas também recomendações sobre a abordagem de implementação do projeto, tais como alternativas de métodos construtivos ou terceirização da execução. Estudos sobre a viabilidade do projeto e da solução buscada por meio dele (na forma de cálculos de retorno sobre o investimento, por exemplo) devem complementar essa descrição.

Premissas de alto nível
(pressupostos, suposições, hipóteses ou assumptions)

Convidamos o prezado leitor à seguinte reflexão: ao iniciarmos um projeto, mesmo de pequeno porte, é comum termos todas as informações-chave de que precisamos para seu desenvolvimento? Muito raramente, não é mesmo? A despeito disso, é necessário apresentar um plano de trabalho inicial e, para tanto, torna-se necessário assumir algumas premissas, também chamadas pressupostos, suposições ou hipóteses, tradução do termo original em inglês *assumptions*, ou seja, fatores no processo de planejamento que são considerados verdadeiros, reais ou certos, sem prova ou demonstração. Portanto, para lidarmos com tais dúvidas comuns, especialmente no início do trabalho, e evitarmos paralisá-lo por falta de definições-chave, podemos estabelecer valores que preencham provisoriamente essas "lacunas de informação" – mas, em contrapartida, ao fazê-lo, assumimos alguns riscos, pois tais condições podem vir a ser confirmadas ou não. Esses riscos embutem ameaças, nesse caso, hipóteses não ratificadas, e oportunidades, hipóteses aprovadas parcial ou totalmente. As hipóteses devem ser validadas sistematicamente pelo gerente e equipe de projeto.

Restrições

Todo e qualquer fator que limite as opções e alternativas de atuação da equipe para conduzir seus trabalhos constitui-se em uma restrição, que está, portanto, necessariamente associada ao escopo do projeto (e não do produto) e é representada por uma ou mais das seguintes condições: disponibilidade e habilidade das pessoas envolvidas, prazos e consumo do tempo, custos e consumo das verbas, regras ou normas em geral ou mesmo provisões contratuais. Reiteramos que é importante distinguir restrições (requisitos ou especificações exclusivamente associados ao escopo do projeto) dos requisitos ou especificações da solução do projeto, associados, portanto, ao escopo do produto.

No quadro 3, apresentamos alguns exemplos de hipóteses e restrições.

Note que esse esforço de levantamento, detalhamento e validação das restrições e das premissas também é apoiado pelas ferramentas de análise de produto e identificação de alternativas, descritas nas técnicas de construção da especificação do escopo do projeto que serão apresentadas no capítulo 4.

A esse conjunto de informações básicas podem ser adicionadas outras tantas, desde que confiáveis e relevantes para a visão geral do projeto a ser propiciada pelo termo de abertura. O quadro 4 apresenta, exclusivamente com fins ilustrativos, um exemplo ampliado de termo de abertura, contendo alguns dos componentes mencionados.

Quadro 3
Exemplos de premissas e restrições de projeto

Hipóteses (premissas ou suposições)	Restrições
Qualquer condição a respeito do escopo do projeto para a qual a equipe não disponha de definição e que seja considerada relevante. • Hipóteses relacionadas ao escopo de projeto, se confirmadas, apontarão para algum tipo de restrição. Por exemplo: – serão disponibilizados cinco analistas da área de recursos humanos em período integral e três analistas da área de tecnologia da informação em período *part time* (um analista de processos, um analista de microinformática e um analista de sistemas); – o cliente disponibilizará até o dia 1/2/2019 toda a infraestrutura de *hardware* e *software* necessária para o desenvolvimento e instalação do sistema; – as obras civis externas poderão ser executadas nos meses de junho a agosto, devido à baixa incidência de chuvas na região nesse período; – o local de instalação do equipamento estará disponível a partir do dia 1/1/2019; – a equipe do projeto estará autorizada a utilizar as dependências do setor de manufatura 24 horas por dia, sete dias da semana.	Fatores associados exclusivamente ao escopo do projeto, como: • disponibilidade e habilidade das pessoas envolvidas: – todos os funcionários deverão ser treinados em cursos de segurança ministrados pela própria usina e participar 10 minutos do DDS (diálogo diário de segurança) ministrado por técnicos de segurança contratados na obra; • prazos e consumo do tempo: – o prazo é de 90 dias a partir da aprovação do projeto básico para elaboração do projeto executivo da nova pista de pouso e decolagem; – o projeto tem um prazo máximo de 12 meses, sendo que no final do primeiro mês deverão ser iniciados os trabalhos de construção no campo; • custos e consumo das verbas: – a verba do orçamento a ser utilizada nesse projeto é de R$ 1,5 milhão, não podendo ultrapassar 10% desse valor no primeiro mês; – todas as despesas de deslocamento e estadia da equipe deverão ser pagas pelo cliente mediante a apresentação das notas fiscais; • regras ou normas em geral: – o treinamento deverá acontecer durante o horário comercial e nas instalações do cliente; – o projeto de reforma deverá ser conduzido com o laboratório em funcionamento, sem afetar o processo de análise de controle de qualidade, que não será interrompido; – os serviços somente poderão ser executados de segunda a sexta-feira, das 9h às 18h.

Quadro 4
Exemplo de modelo de termo de abertura ampliado

Designação [Nome do GP] designado como gerente de projeto do [nome do projeto].
Responsabilidades Descrever as responsabilidades do gerente do projeto.
Autoridade Descrever a autoridade do gerente do projeto.
Objetivo final, propósito ou justificativa do projeto O problema ou a oportunidade (necessidade) que justifica a própria autorização do projeto.
Visão geral do produto do projeto **Objetivos (imediatos):** a função que o produto do projeto deve cumprir, descrita na forma SMART. **Descrição de alto nível do projeto:** produtos, serviços ou resultados a serem gerados pelo projeto.
Informações adicionais (opcionais)
Riscos Identifique e avalie, preliminarmente, os riscos envolvidos e possíveis impactos organizacionais do projeto.
Prazo Estimativa de duração ou data final do projeto. — **Investimento** Informe os recursos financeiros pré-aprovados.
Principais fases ou marcos Relacione as principais fases/marcos requeridos, de forma que possamos avaliar as datas mais críticas. — **Datas** Datas estimadas de término de cada fase — **Custos** Custos estimados de cada fase
Requisitos para aprovação do projeto (ou seja, o que constitui o sucesso do projeto, quem decide se o projeto é bem-sucedido e quem autoriza o encerramento do projeto)
Aprovado por: indique quem decide e aprova.

Fatores ambientais e ativos de processos organizacionais

Existem muitos fatores que interagem e que podem influir no sucesso de um projeto. Eles vão desde a adequada captura e validação do que deve ser feito (escopo) à habilidosa execução, por meio de ferramentas adequadas, passando pela alocação e manutenção das pessoas certas ao longo de seus diversos estágios. É importante registrar a essência desses fatores e disseminar as boas práticas de sua implementação por meio de procedimentos e processos organizacionais e de uma base de conhecimentos corporativos. Esse conjunto de informações deverá suportar a própria estrutura de governança de projetos da organização.

Os procedimentos e processos organizacionais correspondem a padrões e políticas da empresa que descrevem, por exemplo, critérios de definição de alçadas no tratamento de mudanças no projeto; instruções de auditoria da qualidade e aceitação dos entregáveis; controles financeiros; regras de avaliação de desempenho e de conduta, de sigilo das informações e até mesmo de encerramento de fases ou do próprio projeto, com critérios associados à aceitação de entregas. A existência de modelos (*templates*) de documentos importantes, como o termo de abertura de projeto, a EAP, a solicitação de mudanças, o controle dos entregáveis e os relatórios de desempenho, entre outros, facilita bastante o aprimoramento das práticas de projeto e reduz as incertezas das equipes quanto a como proceder nos vários estágios do projeto.

Uma base de conhecimentos corporativos corresponde a arquivos e mecanismos de armazenagem e recuperação de informações dos projetos da organização, tais como medidas de desempenho de processos e produtos que sirvam como referência a outros projetos e registros relativos às linhas de base de escopo, custos, tempo e recursos humanos, incluindo calendários e volume de horas de profissionais alocados. As pendências técnicas e, principalmente, as lições aprendidas também devem estar registradas. Além disso, as condições de negócio da organização e de sua infraestrutura de alguma forma causarão impacto no escopo do projeto e devem estar disponíveis para a equipe. A figura 6 resume os elementos do ambiente organizacional que podem influenciar o planejamento do escopo.

Figura 6
Fatores ambientais e ativos que modelam
e são impactados pelo planejamento do escopo

```
        Procedimentos        Modelos

Condições de      Planejamento       Base de
negócios           do escopo         conhecimentos

              Infraestrutura
   Lições aprendidas       Processos
```

Plano de gerenciamento do escopo: a contribuição das lições aprendidas e da opinião especializada

Ao longo de um projeto, é comum que sejam propostas abordagens, técnicas ou métodos já adotados previamente, nunca antes registrados de forma adequada. Segundo o a pesquisa PMSURVEI. ORG (2013), somente 35% dos escritórios de gerenciamento de projetos das empresas afirmaram que implementam e gerenciam uma base de dados de lições aprendidas, e apenas 42% afirmaram conduzir uma reunião de lições aprendidas após o final do projeto. Depender exclusivamente das lembranças, da boa vontade ou da disponibilidade das partes interessadas nos projetos para reprodução do aprendizado, muitas vezes obtido a duras penas em projetos anteriores, não é exatamente o que podemos chamar de boa prática. A repetição desse equívoco gera um círculo vicioso que pode levar ao desperdício de recursos e ao abatimento moral da equipe, prejudicando os resultados do projeto e frustrando as expectativas das demais partes interessadas.

O combate a esse problema demanda um bom projeto, com escopo bem definido, recursos humanos e tecnológicos adequados, disciplina e um forte patrocínio; e ainda assim não gerará resultados perceptíveis do dia para a noite. Por meio do levantamento, registro e disseminação sistemáticos das lições aprendidas, os gerentes e membros das equipes começam a criar um bom hábito que vai facilitar o planejamento dos projetos futuros.

A fim de acelerar a obtenção dos benefícios e fazê-los superar os custos associados a esse esforço, recomendamos a construção de guias ou modelos dos principais documentos do projeto, seu plano de gerenciamento, termo de abertura, especificação do escopo, estrutura analítica (EAP), matrizes de risco, responsabilidades, comunicação e formulários de controle de mudanças. Eles devem capturar a essência do que precisa ser registrado ao longo do projeto, de acordo com seu porte e outras características específicas, sendo progressivamente refinadas e utilizadas como incentivo à melhoria contínua, nunca como limitantes da criatividade das partes interessadas, especialmente da equipe de projeto. Boas ideias e sugestões de melhorias são sempre bem-vindas.

Além das lições aprendidas, para desenvolver o plano de gerenciamento do escopo normalmente são realizadas reuniões entre os membros da equipe de projeto (chamadas de "retrospectivas" em abordagens ágeis), as quais podem ou não contar com a presença de especialistas ou outras partes interessadas convidadas. Essa opinião especializada pode ser obtida de qualquer grupo ou pessoa que tenha educação especializada, conhecimento, habilidades, experiência ou treinamento em desenvolver planos de gerenciamento do escopo, tanto envolvidos diretamente no projeto quanto externos ao projeto. A fonte de provimento desse apoio pode variar ao longo das várias fases do ciclo de vida do empreendimento e normalmente está associada a profissionais com elevados níveis de especialização técnica, experiência prática ou ambos. A indisponibilidade dessa ferramenta é importante fator de ameaça ao projeto e deve ser cuidadosamente tratada no âmbito de gerenciamento de riscos (PMI, 2017a).

Plano de gerenciamento dos requisitos

O plano de gerenciamento dos requisitos (que pode ser parte do plano de gerenciamento do escopo ou um documento separado) documenta como os requisitos serão analisados, documentados e gerenciados durante o projeto e como as atividades dos requisitos serão planejadas, rastreadas e relatadas. O plano de gerenciamento dos requisitos inclui ainda:

- atividades de gerenciamento da configuração, visando ao controle das versões dos requisitos;
- processo de priorização dos requisitos;
- métricas do produto e os argumentos para usá-las;
- estrutura de rastreabilidade, ou seja, que atributos dos requisitos serão captados e a que documentos de requisitos do projeto estarão ligados.

* * *

Apresentamos, neste capítulo, a importância do planejamento do escopo para o projeto e seu principal resultado, o plano de gerenciamento do escopo. Descrevemos os componentes essenciais desse documento e alguns dos insumos (entradas) necessários para sua obtenção, como o termo de abertura. Encerramos destacando que esse plano, em geral, também prevê como será feito o gerenciamento dos requisitos.

No capítulo a seguir, veremos que o sucesso do projeto é diretamente influenciado pela atenção na captura e gerenciamento dos requisitos do projeto e do produto.

3
Coletar requisitos

Neste capítulo, é descrito o processo responsável por traduzir (descobrir e decompor) em requisitos as necessidades e expectativas identificadas e documentadas das diversas partes interessadas (*stakeholders*) no projeto. Categorizaremos esses requisitos e apresentaremos algumas técnicas de identificação e validação – e desde já, prezado leitor, destacamos a importância do termo de abertura, apresentado no capítulo 2, como insumo-chave desse esforço.

Requisitos

Requisitos (também comumente chamados de especificações ou indicadores) são condições ou capacidades que atendem às necessidades e expectativas das partes interessadas e que, portanto, precisam estar presentes nas entregas de projeto e de produto. É preciso obtê-los e, principalmente, descrevê-los em um nível suficiente de detalhes para que possam ser incluídos na linha de base do escopo, medidos e controlados de forma satisfatória ao longo do projeto. A propósito, lembramos ao leitor a prática SMART descrita no capítulo 1, segundo a qual as informações-chave devem ser apresentadas de forma não ambígua, consistente e compreensível para as partes interessadas.

Requisitos são um vetor crítico para a construção da EAP (nosso assunto do capítulo 5), bem como para as estimativas de prazo e custos, além do planejamento da qualidade e, frequentemente, das aquisições.

Podemos distinguir basicamente duas categorias de requisitos: os de projeto e os de produto.

Os *requisitos do projeto*, que podem ser classificados em requisitos de negócio e requisitos do gerenciamento do projeto (o trabalho em si), são descritos a seguir.

- Requisitos de negócio se referem ao atendimento das necessidades de alto nível que, em última análise, justificaram a autorização do próprio projeto, tais como uma demanda do mercado ou de um cliente específico, uma obrigação legal, uma barreira a novos entrantes, a ampliação da capacidade de produção, a criação de processos ou a correção deles, visando eficiência e eficácia. Esses requisitos estão diretamente relacionados, mas não limitados, aos objetivos finais apresentados no termo de abertura, conforme apresentado no capítulo 2.
- Requisitos do gerenciamento do projeto traduzem o atendimento das necessidades típicas de eficiência da condução do trabalho, que envolvem invariavelmente aspectos relacionados aos prazos, aos custos, ao perfil e disponibilidade dos colaboradores; e a regras internas ou externas que devem ser observadas, tais como horário de trabalho, aderência a uma metodologia, critérios de alocação e contratação de pessoas. Esses requisitos estão diretamente associados, mas não limitados, aos objetivos imediatos, às premissas (hipóteses) e às restrições do projeto, conforme descrição do termo de abertura apresentado no capítulo 2.

É importante ressaltar que o gerenciamento de um projeto implica, invariavelmente, geração de conhecimento e

impactos na própria equipe, duas condições críticas até para a avaliação do próprio sucesso do trabalho empreendido. Dessa forma, recomendamos o estabelecimento de requisitos correspondentes a esses aspectos, tais como:
- impacto na equipe: geração de crescimento pessoal, retenção e satisfação da equipe do projeto, comprometimento e assiduidade da equipe, exaustão;
- geração de conhecimento: ampliação do portfólio e dos mercados atendidos, criação e aprimoramento de tecnologias, métodos e processos, contribuição para projetos futuros, reúso das lições aprendidas.

Já os *requisitos do produto*, *serviço* ou *resultado* descrevem as características que devem estar na solução resultante do projeto, em conformidade com o pactuado entre as partes interessadas. O resultado de um projeto pode ser um bem tangível, material, como uma casa, um navio, uma fábrica, ou um bem intangível, imaterial, como um serviço a ser prestado, uma viagem, um *software*, um treinamento, a descrição dos novos processos de logística. É importante tratar esta distinção:

- Requisitos de bens tangíveis incluem aspectos funcionais ou técnicos, intrínsecos ao produto: características primárias, como dimensões, quantidades, peso, cor e aspectos não funcionais, ou de nível de serviço, que medem atributos como confiabilidade, durabilidade, segurança, manutenibilidade e descarte.
- Requisitos de bens intangíveis, como serviços, tipicamente também incluem aspectos funcionais, como processos, dados e interações com o produto, e não funcionais, como:
  - evidências físicas: instalações, aparência do pessoal, material de comunicação, equipamentos utilizados no trabalho;

- presteza: disposição/boa vontade em ajudar os clientes e realizar o serviço com rapidez;
- confiabilidade: capacidade de executar o serviço prometido de forma consistente e precisa, execução sem erros desde a primeira vez, manutenção de registros das transações sem erros;
- garantia: conhecimento e cortesia dos funcionários e sua capacidade de inspirar responsabilidade e confiança;
- empatia: atendimento individualizado e cuidadoso com base no conhecimento do cliente etc.

• Requisitos aplicáveis tanto a bens tangíveis quanto a bens intangíveis fazem menção ao desempenho inerente ao produto, como capacidade ou desempenho do *software*, por exemplo, e ao seu desejado impacto nas partes interessadas, em especial no cliente e/ou usuário:
- aumento da lucratividade;
- retorno sobre o investimento;
- ampliação da fatia de mercado;
- eficiência organizacional;
- fidelização do cliente.

Técnicas para coletar requisitos

Em geral, o processo de gerenciamento de requisitos começa com uma avaliação de necessidades. Essa avaliação é realizada na análise do negócio, no planejamento do portfólio ou no planejamento do programa, antes que o projeto seja iniciado e que seu gerente seja designado, ou no decorrer da sua execução. O *business case*, que pode descrever critérios exigidos, desejados e opcionais para satisfação das necessidades de negócio, é um dos documentos de negócio que podem afetar a coleta dos requisitos.

É uma tendência ou prática emergente que um analista de negócios seja designado para o projeto. Nesse caso, as atividades relacionadas a requisitos são da responsabilidade desse profissional, que tem habilidades e *expertise* no assunto. O gerente, então, torna-se responsável por garantir que o trabalho relacionado a requisitos seja considerado no plano de gerenciamento do projeto, e que as atividades relacionadas a requisitos sejam realizadas no prazo e dentro do orçamento, e entreguem valor.

É importante reunir-se com as principais partes interessadas e conquistá-las como coautoras do projeto e não como simples participantes. Em função das características do levantamento deve-se escolher a técnica mais adequada à situação. As técnicas mais utilizadas são entrevistas, *brainstorming*, questionário e observação direta. As técnicas *joint application design* (JAD), dinâmicas de grupo e oficinas também são utilizadas, porém requerem mais infraestrutura, planejamento, criatividade e observação.

Fournier (1994) recomenda alguns procedimentos gerais que independem da técnica adotada para a coleta dos requisitos, entre os quais citamos:

Antes:

- identificar as áreas envolvidas, explicar a finalidade e obter a aprovação das gerências apropriadas para o trabalho;
- obter nome e função das pessoas-chave que participarão da coleta – confirmar e solicitar concordância quanto a papéis, responsabilidades e disponibilidades previstos.

Durante:

- familiarizar-se com o local de trabalho que está sendo estudado;

- coletar amostras de documentos e procedimentos escritos;
- acumular informações estatísticas a respeito das tarefas: frequência com que ocorrem, estimativas de volume, tempo de duração para cada tarefa e assim por diante;
- enquanto interage com as partes interessadas, tentar ser objetivo e não comentar as formas de trabalho de maneira não construtiva;
- além das operações normais de negócio, identificar também as exceções;
- tão logo o levantamento tenha sido completado, agradecer às pessoas pelo apoio.

Após:

- documentar os requisitos e consolidar os resultados;
- caso seja necessário, contatar os próprios informantes para esclarecer dúvidas;
- rever os resultados consolidados com os próprios informantes e/ou com seus superiores;
- atribuir uma prioridade para cada requisito identificado.

A seguir, analisaremos diversas técnicas para coletar requisitos. São elas: entrevistas, *brainstorming*, técnica de grupo nominal, mapas mentais, técnica Delphi, diagrama de afinidade, dinâmicas de grupo, análise de decisão multicritério, técnicas de tomada de decisão em grupo, oficinas, questionários e pesquisas, observações, protótipos e *storyboarding*, diagramas de contexto e análise de documentos.

Entrevistas

A entrevista é o método mais utilizado para coletar requisitos. As entrevistas são feitas em reuniões para elucidar dúvidas e levantar problemas. Essa técnica é utilizada quando a equipe não conhece os problemas do cliente ou da organização. Participam especialistas (internos/externos), a equipe do projeto e o gerente, sendo necessário que se faça uma preparação prévia da mesma. Entrevistas são úteis para obter informação confidencial.

Antes da entrevista:

- algumas questões que devem ser consideradas são: aonde se quer chegar? O que se deseja saber? O que se aceita saber (mínimo necessário)? Quem será o usuário entrevistado? Que perguntas serão feitas? Em que sequência? Quando terminar?;
- deve-se preparar, e divulgar com antecedência, a agenda/pauta da entrevista (reunião) – dessa forma, o entrevistado pode se preparar e buscar informações/documentos que se fizerem necessários;
- marcar a entrevista/reunião em um horário que seja conveniente para o entrevistado;
- sempre que possível, escolher um local sossegado, que elimine distrações em potencial.

Durante a entrevista:

- lembrar que pode haver resistência às mudanças e que seu trabalho pode estar sendo considerado uma ameaça pelo entrevistado;
- fazer perguntas;

- ouvir;
- explanar, isto é, responder às perguntas do usuário;
- observar gestos e expressões;
- tomar notas;
- não ser tendencioso;
- determinar quem ficará responsável por cada atividade a ser realizada e o respectivo prazo de conclusão.

Após a entrevista:

- documentar os resultados da entrevista e distribuí-los aos participantes imediatamente após sua realização (reunião).

Brainstorming

Brainstorming (também conhecido como tempestade de ideias) é uma técnica bastante popular que visa produzir um grande número de ideias criativas tão amplas, ímpares e estranhas quanto possível. É intencionalmente não limitadora e projetada para deixar a mente criativa fluir livremente, sem medo da crítica. O foco recai sobre a quantidade de ideias.

Escolha um lugar para a reunião que seja do tamanho exato para acomodar a equipe e crie uma atmosfera relaxada. Segundo Barra (1993), a qualidade e a quantidade de ideias produzidas podem aumentar significativamente quando se permite uma incubação de ideias, ou bem antes ou entre as sessões de *brainstorming*. Por exemplo, pode-se instaurar a incubação dividindo-se o *brainstorming* em duas partes e anunciando-o com antecedência, na pauta de uma reunião.

O *brainstorming* pode ser feito de maneira estruturada ou não estruturada.

No *brainstorming* estruturado, todos os integrantes fornecem suas ideias acerca dos requisitos quando chegar sua vez na rodada. Isso evita a preponderância dos integrantes mais falantes, dá a todos uma oportunidade igual para contribuir com ideias e promove o envolvimento igual para contribuir com ideias. Promove também um envolvimento maior de todos os integrantes, mesmo os tímidos. O *brainstorming* termina quando nenhum dos integrantes tem mais ideias e todos passam a vez em uma mesma rodada.

No *brainstorming* não estruturado, qualquer integrante lança ideias à medida que vão surgindo. Tende-se a criar uma atmosfera mais relaxada, mas também há o risco de os integrantes mais falantes dominarem o ambiente. Torna-se mais fácil para certos integrantes aproveitar as ideias dos outros. O *brainstorming* não estruturado é mais eficaz na descoberta de novos requisitos, nos casos em que a maioria dos fatos/dados parte de apenas alguns integrantes. Essa técnica termina quando nenhum integrante tem mais ideias e todos concordam em parar.

Em ambos os métodos de *brainstorming*, as regras são as mesmas. A linha mestra para uma sessão eficaz é:

- garantir que todos compreendam o objetivo do *brainstorming*, antes de iniciá-lo;
- proporcionar alguns minutos de silêncio para que os integrantes pensem e escrevam algumas ideias que lhes venham à mente;
- decidir que método de *brainstorming* usar, antes de iniciar – o *brainstorming*, em geral, começa de maneira estruturada e, então, muda para uma forma não estruturada quando a maioria dos integrantes não tem mais ideias;
- anotar um requisito de cada vez, exatamente como foi anunciado pelo integrante – não interpretar;

- prosseguir, com base na ideia dos outros, e tentar criar ideias mais livres, novas e desembaraçadas;
- não discutir, questionar ou criticar as ideias alheias, apenas registrá-las – a discussão deve começar depois que o *brainstorming* acabar.

A figura 7 descreve os procedimentos de implantação do *brainstorming* propostos por Marshall Junior et al. (2003).

Figura 7
Procedimentos de implementação do *brainstorming*

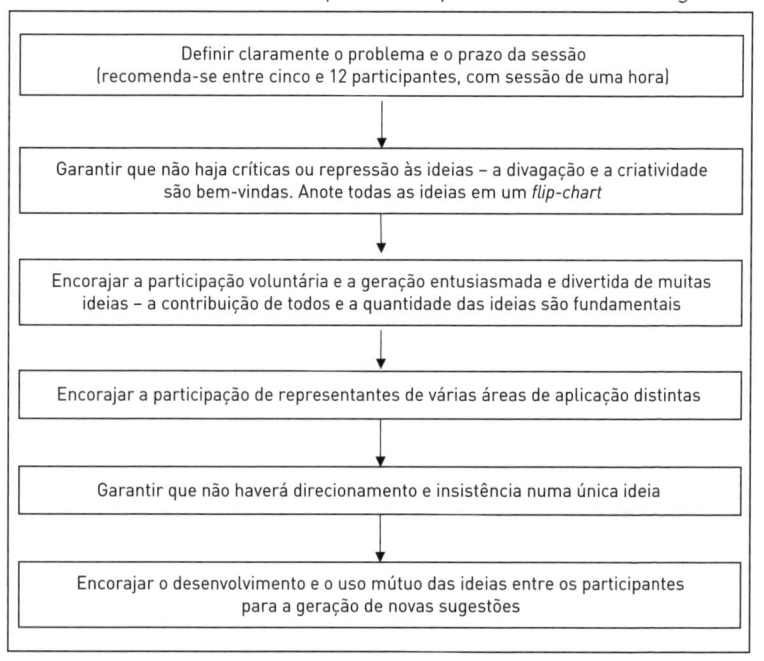

```
┌─────────────────────────────────────────────────────────────────┐
│   Definir claramente o problema e o prazo da sessão             │
│   (recomenda-se entre cinco e 12 participantes, com sessão      │
│   de uma hora)                                                  │
└─────────────────────────────────────────────────────────────────┘
                              ↓
┌─────────────────────────────────────────────────────────────────┐
│   Garantir que não haja críticas ou repressão às ideias –       │
│   a divagação e a criatividade são bem-vindas. Anote todas      │
│   as ideias em um flip-chart                                    │
└─────────────────────────────────────────────────────────────────┘
                              ↓
┌─────────────────────────────────────────────────────────────────┐
│   Encorajar a participação voluntária e a geração entusiasmada  │
│   e divertida de muitas ideias – a contribuição de todos e a    │
│   quantidade das ideias são fundamentais                        │
└─────────────────────────────────────────────────────────────────┘
                              ↓
┌─────────────────────────────────────────────────────────────────┐
│   Encorajar a participação de representantes de várias áreas    │
│   de aplicação distintas                                        │
└─────────────────────────────────────────────────────────────────┘
                              ↓
┌─────────────────────────────────────────────────────────────────┐
│   Garantir que não haverá direcionamento e insistência numa     │
│   única ideia                                                   │
└─────────────────────────────────────────────────────────────────┘
                              ↓
┌─────────────────────────────────────────────────────────────────┐
│   Encorajar o desenvolvimento e o uso mútuo das ideias entre    │
│   os participantes para a geração de novas sugestões            │
└─────────────────────────────────────────────────────────────────┘
```

Embora o *brainstorming* não inclua votação ou priorização, é uma técnica frequentemente utilizada com outras técnicas de criatividade em grupo, como a técnica de grupo nominal, por exemplo.

Técnica de grupo nominal (TGN)

Adiciona ao *brainstorming* um processo de votação para ordenar as melhores ideias e priorizá-las com base no foco e na percepção de importância dos participantes, em um *brainstorming* adicional de priorização.

Técnica Delphi

A técnica Delphi é utilizada como meio de alcançar um consenso ou quando há dificuldade em reunir os participantes. É uma abordagem iterativa para chegar a um consenso em um grupo de peritos e não tem o objetivo de combinar as opiniões desses peritos. Fazer os peritos chegarem a um acordo é uma tarefa difícil, especialmente quando eles estão na mesma sala. É uma forma relativamente simples de estabelecer um consenso de grupo. Pode-se utilizar o seguinte processo:

1) Designa-se um facilitador e escolhem-se os participantes. Esses participantes serão os mesmos abordados na técnica de *brainstorming* antes descrita. Apenas o facilitador terá conhecimento sobre os participantes e suas respectivas respostas.
2) O facilitador distribui as informações sobre o projeto e pede aos participantes para gerarem uma lista de requisitos, individual e anonimamente, e enviar a ele.
3) O facilitador consolida as diversas listas em uma única e redistribui para os participantes revisarem/complementarem. Este é o momento em que cada participante se inspira a partir dos requisitos identificados por outros participantes.
4) Os participantes devolvem a lista de requisitos para o facilitador, que novamente a consolida.

Este processo pode se repetir, sendo comum dois, três ou até quatro ciclos de redistribuição, possibilitando a inspiração de todos a partir das ideias de todos.

A técnica Delphi é similar a outras de consenso de grupo, mas é particularmente útil na eliminação de divergências nas áreas técnicas. É útil quando autoridades técnicas tenderem a dominar a discussão ou quando os participantes estão geograficamente distribuídos.

Mapas mentais

Ideias criadas por meio de *brainstorming* individuais são consolidadas em um único mapa mental que reflete a existência de atributos comuns e diferenças de entendimento, além de gerar novas ideias.

Mapa mental é uma técnica gráfica que proporciona um meio universal para libertar o potencial do cérebro, explorando a gama de competências corticais – palavra, imagem, número, lógica, ritmo, cor e noção espacial – em uma única forma (Buzan, 1994).

No mapa mental, que surgiu a partir de observações de seu criador, Tony Buzan, a anotação de informações é feita de forma não linear, ou seja, em forma de teia, em que a ideia principal é colocada no centro de uma folha de papel branco, usada na horizontal para proporcionar maior visibilidade, sendo que as ideias são descritas apenas com palavras-chave e ilustradas com imagens, ícones e cores. Uma analogia interessante para compreendermos o mapa mental é o crescimento estruturado de uma árvore e seus galhos. Do centro partem troncos abrindo cada tópico do assunto principal e, de cada um deles, saem galhos menores com os detalhes explicativos.

Assim desenhado, um mapa mental está organizando e hierarquizando os tópicos de um assunto, ao mesmo tempo que sintetiza, fornecendo a visão global, mostra os detalhes e as interligações do assunto e, por fim, com a utilização das figuras e cores, promove a memorização das informações ao estimular ambos os hemisférios cerebrais.

A utilização dessa ferramenta na coleta de requisitos é de grande valia. Principalmente quando utilizada em *brainstorming*, tende a auxiliar a visualização e a análise das possíveis novas alternativas. Um exemplo de utilização do mapa mental, no qual são apresentados os requisitos genéricos de um trabalho de conclusão de curso, pode ser visto na figura 8.

Figura 8
Exemplo de uso de mapa mental

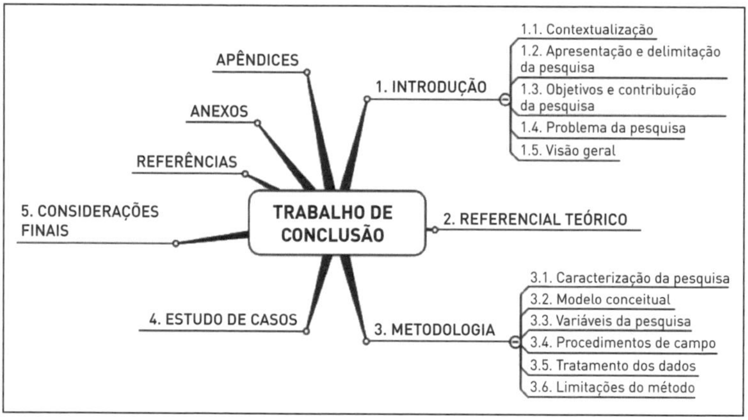

- TRABALHO DE CONCLUSÃO
  - APÊNDICES
  - ANEXOS
  - REFERÊNCIAS
  - 5. CONSIDERAÇÕES FINAIS
  - 1. INTRODUÇÃO
    - 1.1. Contextualização
    - 1.2. Apresentação e delimitação da pesquisa
    - 1.3. Objetivos e contribuição da pesquisa
    - 1.4. Problema da pesquisa
    - 1.5. Visão geral
  - 2. REFERENCIAL TEÓRICO
  - 3. METODOLOGIA
    - 3.1. Caracterização da pesquisa
    - 3.2. Modelo conceitual
    - 3.3. Variáveis da pesquisa
    - 3.4. Procedimentos de campo
    - 3.5. Tratamento dos dados
    - 3.6. Limitações do método
  - 4. ESTUDO DE CASOS

Diagrama de afinidade

Essa técnica permite que uma grande quantidade de dados de diversas naturezas (ideias, opiniões, declarações, manifestações, comportamentos etc.) seja organizada em grupos, baseando-se no relacionamento natural/intrínseco (afinidade) entre cada item a fim de, posteriormente, estudar e analisar as relações de causa e efeito entre eles.

É utilizado quando os dados e opiniões se apresentam em uma situação de aparente desordem tornando impossível, à primeira vista, a tarefa de agrupamento/classificação.

Dinâmicas de grupo

Usuários e especialistas escolhidos avaliam e opinam em conjunto sobre um produto, serviço ou resultado proposto. Essa técnica requer um conhecimento prévio do negócio do usuário e uma análise criteriosa dos problemas que ocorrem. O objetivo é buscar alternativas de solução para os problemas mais críticos a partir de situações simuladas em que os diversos participantes vivenciem o caso e gerem soluções viáveis. As diversas soluções são analisadas em grupo e, posteriormente, é(são) escolhida(s) a(s) melhor(es) solução(ões) para implementação.

Análise de decisão envolvendo critérios múltiplos

Análise de decisão envolvendo critérios múltiplos é um termo que descreve uma coleção de abordagens formais utilizadas quando muitas ideias necessitam ser avaliadas ou classificadas. As abordagens multicritérios constituem-se em formas de modelar os processos de decisão nos quais múltiplos critérios entram em jogo: uma decisão a ser tomada, os eventos desconhecidos que podem afetar os resultados, os possíveis cursos de ação e os próprios resultados. Esses modelos refletem, de maneira suficientemente estável, o juízo de valores dos decisores.

Dessa forma, as abordagens multicritérios funcionam como uma base para discussão, principalmente nos casos nos quais há conflitos entre os decisores ou, ainda, quando a percepção do problema pelas várias partes interessadas envolvidas ainda não está totalmente consolidada.

A análise multicritérios é desenvolvida em etapas que, de modo geral, podem ser representadas da seguinte maneira:

- formulação do problema;
- determinação de um conjunto de ações potenciais (alternativas) que atendam ao problema colocado;
- elaboração da uma família coerente de critérios, tais como níveis de risco, incerteza e valorização;
- avaliação dos critérios por meio de uma matriz de decisão na qual as linhas correspondem às ações a avaliar e as colunas representam os respectivos critérios de avaliação previamente estabelecidos;
- determinação de pesos dos critérios e limites de discriminação; os pesos traduzem numericamente a importância relativa de cada critério – a ponderação de critérios pode ser realizada por meio de várias técnicas, como: hierarquização de critérios, notação, distribuição de pesos, taxa de substituição, regressão múltipla, jogos de cartas etc.;
- agregação dos critérios, que consiste em associar, após o preenchimento da matriz de avaliação e segundo um modelo matemático definido, as avaliações dos diferentes critérios para cada ação, combinando as pontuações obtidas com cada opção – as ações serão, em seguida, comparadas entre si por um julgamento relativo do valor de cada uma.

Há muitos métodos multicritérios de análise de decisão, cada um com seus requisitos de informação e propriedades matemáticas, entre os quais é possível citar *analytic hierarchy process* (AHP), *analytic network process* (ANP), *technique for order-preference by similarity to ideal solution* (Topsis), *measuring attractiveness by a categorical based evaluation technique* (Macbeth), *preference ranking organization method for enrichment evaluations* (Prometee), *elimination et choix traduisant la réalité* (Electre). O detalhamento desses métodos extrapola o objetivo deste livro.

Técnicas de tomada de decisão em grupo

A tomada de decisões em grupo é um processo de avaliação de múltiplas alternativas em que uma resolução, na forma de ações futuras, é esperada. Essas técnicas podem ser utilizadas para gerar, classificar e priorizar os requisitos do produto.

A votação é uma técnica de tomada de decisão coletiva. Entre os vários métodos para atingir uma decisão em grupo, temos: unanimidade, no qual todos concordam com uma abordagem; maioria, no qual uma decisão é obtida com o suporte de mais da metade dos membros do grupo; pluralidade, no qual o maior bloco no grupo decide, mesmo que a maioria não seja alcançada; ou ditadura, quando um indivíduo toma a decisão pelo grupo.

Oficinas/facilitação

Oficinas facilitadas são sessões focadas que unem partes-chave interessadas para definir requisitos do produto. Geram confiança, desenvolvem relações e aprimoram comunicação entre os participantes, levando ao consenso mais rapidamente do que as entrevistas individuais. Alguns exemplos de abordagens utilizadas em oficinas são apresentados a seguir.

- *Joint application design* (JAD). Metodologia que visa aperfeiçoar o processo de desenvolvimento de *software*. Orientados por um líder de reunião, os usuários e a equipe de desenvolvimento projetam juntos o sistema, em sessões de grupo estruturadas. Segundo August (1993), o JAD utiliza a criatividade e a dinâmica de grupo inerente ao trabalho em equipe para definir o ponto de vista dos usuários sobre o sistema – desde os objetivos e aplicação do mesmo até a geração de telas e projeto de relatórios. Sua aplicação permite a criação, em menos tempo, de sistemas mais eficazes. Os quatro princípios do JAD são:

a) *Dinâmica de grupo.* Os participantes compartilham ideias e projetam o sistema em equipe.

b) *Recursos visuais.* Transformam a sala de reunião, cobrindo paredes de cima a baixo com painéis contendo referências a concepções e conceitos de projeto. Utilizam-se também indicadores magnéticos, protótipos e transparências, que servem para melhor comunicar e validar ideias durante o processo de definição do projeto.

c) *Processo organizado e racional.* Embora o JAD efetivamente utilize técnicas de *brainstorming* para gerar ideias, possui uma estrutura de tarefas mais rígida, sendo considerado mais produtivo do que o simples *brainstorming*. O JAD emprega análise *top-down* e atividades extremamente bem-definidas, a fim de atingir a definição de objetivos, especificações e projetos externos.

d) *Documentação com abordagem WYSIWYG* (do inglês *what you see is what you get* ou, em português, "o que você vê é o que você obtém"). Cada JAD possui um documento ou relatório de saída. O propósito desse documento é registrar formalmente os resultados do processo para que ambos, usuários e analistas, entendam as decisões tomadas. Os usuários devem ser capazes de rever cuidadosamente e aprovar prontamente as informações de

que necessitam para executar o projeto, a codificação e os testes do sistema. A documentação, efetivamente, deve utilizar a abordagem WYSIWYG.
- *Desdobramento da função de qualidade* (QFD: *quality function deployment*). Determinação de características críticas para desenvolvimento de um novo produto na indústria de manufatura. Começa com a coleta das necessidades do cliente (voz do cliente – VOC), as quais são classificadas e priorizadas e, em seguida, as metas para alcançá-las são estabelecidas. Segundo Marshall Junior et al. (2003), é uma abordagem que privilegia a compreensão do pensamento do cliente, objetivando garantir a observância das demandas do mercado no que tange tanto ao desenvolvimento de atributos, características e especificações do produto quanto à seleção e ao desenvolvimento de equipamentos, métodos e controles de processo. Caracteriza a substituição de uma abordagem reativa, fruto da inspeção levada a efeito no produto final, por outra, de cunho proativo, voltada para a prevenção à luz das necessidades antecipadas pelo cliente. Tem como principais objetivos a redução do tempo de desenvolvimento de produtos, do número de mudanças nos projetos, dos problemas na partida da produção e dos custos, simultaneamente ao aumento da satisfação dos clientes. Em geral, o QFD obedece a quatro fases: planejamento do produto, desenvolvimento dos componentes, planejamento do processo e planejamento da produção.
- *Histórias de usuário (user stories)*. São descrições textuais, amplamente utilizadas com métodos ágeis, que descrevem uma funcionalidade requisitada, em geral escritas do ponto de vista do usuário. O uso de métodos ágeis de gerenciamento de projetos, como *scrum*, *extreme programming* e *lean*, entre outros, tem aumentado nos últimos anos, principalmente em projetos de desenvolvimento de *software*. Esses métodos

fornecem uma abordagem iterativa e incremental para desenvolver e implementar projetos, com entregas contínuas, flexibilidade do escopo e participação da equipe, entre outras características. As histórias de usuário focam nas necessidades reais e práticas do usuário e devem especificar:

a) *Ator*. O proprietário da história de usuário. É o usuário, a parte interessada que se beneficia com a funcionalidade.

b) *Ação*. É o que o ator quer fazer. Utilizando aquela ação, ele espera alcançar seu objetivo.

c) *Funcionalidade*. É o que o ator espera que aconteça ao realizar a ação, ou seja, é o resultado de executar a ação segundo a ótica do ator. Também pode ser vista como benefício, motivação ou justificativa.

Histórias de usuário devem ser curtas, simples e claras. Devemos conseguir escrevê-las em um simples e pequeno cartão (conhecido como *user index card*). Se não há espaço para escrevê-las em um cartão, é porque devemos refiná-las mais e dividi-las em outras histórias.

Imagine um sistema de aluguel de filmes pela internet, em que uma das funcionalidades é visualizar os filmes disponíveis para locação. A história de usuário para esse caso poderia ser como a descrita no quadro 5.

Quadro 5
Exemplo de história de usuário

Como cliente, eu gostaria de saber quais os filmes disponíveis para locação para que eu possa alugar um deles.

Questionários e pesquisas

São apropriados para audiências grandes ou dispersas quando uma resposta rápida é necessária e uma análise estatística é apropriada, se a característica do projeto for conveniente para esse tipo de levantamento (atividades com resultados esperados idênticos para todo o território nacional, por exemplo).

Antes:

- definir objetivos do questionário;
- definir o que se precisa saber para atingir os objetivos;
- expor claramente os objetivos pretendidos e a importância da contribuição do usuário para o sucesso do trabalho;
- definir perguntas representativas e objetivas – procurar não elaborar perguntas discursivas, mas permitir ao usuário tecer comentários gerais sobre o projeto ao final do questionário;
- definir número par de respostas para perguntas que requeiram graduação – dessa forma, o usuário terá, obrigatoriamente, de fugir da tendência central (meio);
- definir método para tabulação de respostas;
- definir questionário e validá-lo em piloto com usuário(s) de fácil acesso – essa validação permite testar o questionário e o método de tabulação.

Durante:

- distribuir o questionário com prazo suficiente para que o usuário possa respondê-lo – não adianta alongar o prazo, pois, de uma forma geral, a cultura brasileira influenciará na escolha do último dia para respondê-lo;
- ficar disponível para dirimir eventuais dúvidas;
- monitorar o recebimento dos questionários.

Após:

- tabular os dados;
- analisar o resultado da tabulação;
- remeter os dados tabulados para cada participante que respondeu ao questionário.

Observação/conversação

As técnicas de observação e conversação são particularmente úteis quando os indivíduos cujo trabalho está sendo examinado executam processos detalhados ou quando estes relutam ou têm dificuldade em expressar seus requisitos. A observação pode ser feita de diferentes formas, como descrito a seguir:

- *Job shadowing.* Externamente, o observador examina o usuário executando seu trabalho em seu ambiente. Se for essencial a observação direta no ambiente do usuário, lembre que:
  a) ninguém gosta de se sentir vigiado;
  b) o usuário conhece mais do negócio dele do que você; trate-o como profissional e ele lhe retribuirá da mesma forma – conquiste-o;
  c) o usuário deve estar ciente dos motivos pelos quais é necessária a observação e de como ele pode ajudá-lo.
- *Observador participante.* Realiza um procedimento para experimentar como o mesmo é feito. Sempre que possível, execute o trabalho pelo usuário. Você terá uma noção melhor das dificuldades desta forma.

Protótipos

Feitos para obter respostas iniciais sobre os requisitos por meio de modelos funcionais do produto. Suportam o conceito de elaboração progressiva: ciclos iterativos de criação de modelos, experimentos de usuário, geração de opiniões e revisão do protótipo

Storyboarding

Storyboarding é uma técnica de prototipação que usa uma série de ilustrações ou imagens arranjadas em sequência com o propósito de pré-visualizar um filme, animação ou gráfico animado, incluindo elementos interativos em *websites*. Os *storyboards* são usados em uma grande variedade de projetos em várias áreas, como na indústria cinematográfica, propaganda, desenho instrucional e em projetos de *software* que usam métodos ágeis. Na área de engenharia de *software*, a técnica é utilizada para melhoria na documentação dos requisitos no processo de desenvolvimento de *software* e para mostrar caminhos de navegação por meio de páginas, telas e outras interfaces de usuário.

O processo de *storyboarding* determina os atores, explica o que acontece com eles e descreve a forma como isso acontece. Seu propósito é o de suscitar as reações das partes interessadas o quanto antes em relação ao proposto.

De forma geral, *storyboardings* podem ser classificados em três tipos: ativos, passivos e interativos.

- *Storyboardings* passivos contam uma história ao usuário. Podem consistir em uma história contada de forma textual, esboços, figuras, instantâneos de telas, *slides* ou exemplos de saídas da aplicação.
- *Storyboardings* ativos tentam fazer com que o usuário "veja" "um filme que ainda não foi produzido". São animados ou

automáticos, podem ser feitos por meio de uma apresentação de *slides* automatizada, uma ferramenta de animação, um *script* ou uma simulação gravada e reproduzida ou até um filme feito em casa.
- *Storyboardings* interativos permitem que o usuário experimente o sistema de uma forma realista e prática. Eles requerem a participação do usuário. Podem ser simulações ou maquetes ou podem ser evoluídos até o nível de linhas de código em um projeto de desenvolvimento de *software*. Um *storyboarding* interativo avançado pode chegar bem perto de um protótipo descartável.

Benchmarking

Benchmarking envolve comparar as práticas de projeto reais ou planejadas às de projetos já realizados para identificar as melhores práticas, gerar ideias de melhorias ou fornecer uma base para medir desempenho (PMI, 2017a). Em projetos de construção civil, por exemplo, envolve comparar como foram feitas as fundações.

Diagramas de contexto

O diagrama de contexto é uma forma de representar visualmente o escopo do produto, apresentando um sistema de negócio (processo, equipamento, sistema de computador) e sua relação com o ambiente em que este se insere, como um único processo.

O diagrama de contexto é composto por fluxos de dados que mostram uma visão geral das características importantes do sistema de negócio, os atores com os quais este se comunica (entidades externas, como organizações, sistemas e pessoas), os dados que recebe do mundo exterior e que de alguma forma devem ser processados, os dados produzidos pelo sistema e enviados ao mundo exterior e a fronteira entre o sistema e o resto do mundo.

A figura 9 apresenta um exemplo de um diagrama de contexto para um sistema de controle de vendas.

Figura 9
Exemplo de diagrama de contexto para um sistema de controle de vendas

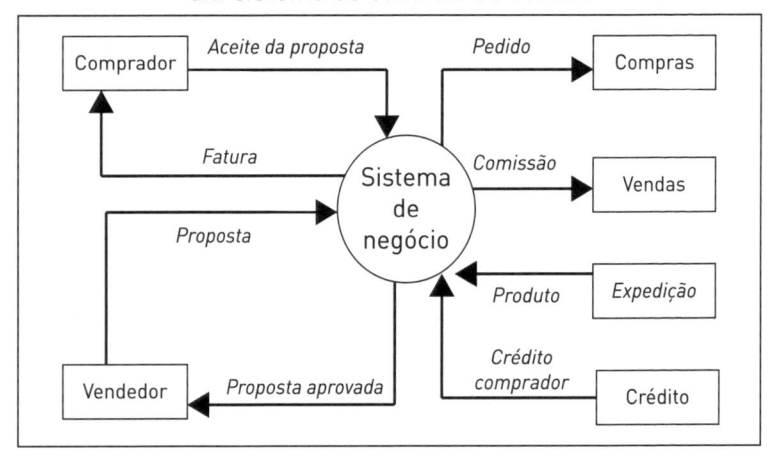

[Diagrama de contexto: Comprador → Aceite da proposta / Pedido → Compras; Fatura, Comissão → Vendas; Proposta, Produto → Expedição; Vendedor ← Proposta aprovada; Crédito comprador → Crédito; todos conectados ao Sistema de negócio]

Questionários e pesquisas

Elicitar requisitos é uma expressão normalmente atribuída à atividade de descobrir, identificar, deduzir, extrair, evocar ou obter os requisitos. Isso pode ser feito, entre outras maneiras, por meio da análise de documentação existente e da identificação de informação relevante para os requisitos. Exemplos de documentos que podem ser analisados incluem planos de negócio, literatura de marketing, acordos, requisições de propostas, fluxos de negócio, modelos lógicos de dados, repositórios de regras de negócio, documentação, processos de negócio, casos de uso, registro de questões, políticas, procedimentos, leis, códigos etc.

Documentação dos requisitos

A documentação dos requisitos descreve os requisitos coletados e como estes vão permitir atingir os objetivos de negócio do projeto. Os requisitos podem, inicialmente, ser descritos de um modo geral (alto nível) para que sejam detalhados posteriormente.

Os requisitos devem ser não ambíguos (mensuráveis e passíveis de testes), investigáveis, completos, consistentes e aceitáveis para as principais partes interessadas. O formato do documento contendo os requisitos pode variar de uma lista simples até formulários elaborados, contendo descrições detalhadas e anexos.

Algumas categorias de requisitos são:

- necessidade do negócio ou oportunidade, incluindo:
  - objetivos do negócio e do projeto;
  - regras de negócio;
  - diretrizes da organização;
- requisitos das partes interessadas, incluindo:
  - impactos em outras áreas;
  - impactos em outras entidades;
  - comunicação e relatórios;
- requisitos da solução, incluindo:
  - requisitos funcionais;
  - requisitos não funcionais, como:
    - nível de serviço;
    - desempenho;
    - segurança;
    - atendimento a regulamentos;
    - retenção/descarte etc.;
  - requisitos de qualidade;
  - requisitos de suporte e treinamento;
- requisitos do projeto, como critérios de aceitação;
- requisitos de transição;
- requisitos assumidos, dependências e restrições.

Matriz de rastreabilidade de requisitos

Consiste em uma tabela, como a apresentada no exemplo do quadro 6, que liga os requisitos de sua origem às entregas para satisfazê-los e os rastreia durante todo o ciclo de vida do projeto. Ajuda assim a garantir que os requisitos aprovados na correspondente documentação tenham sido entregues no final do projeto, fornecendo uma estrutura para gerenciar mudanças no escopo do produto.

Entre os atributos de cada requisito que podem ser usados na matriz de rastreabilidade de requisitos estão: identificador, descrição, proprietário, fonte, prioridade, versão, posição atual e data da posição. Adicionalmente, podem ser incluídos atributos como estabilidade, complexidade, critério de aceitação e razão para inclusão.

Quadro 6
Exemplo de matriz de rastreabilidade de requisitos

RQ	Descrição	Proprietário	Fonte	Prioridade	Versão	Posição atual	Data da posição
1	Implantação do novo serviço até o final do ano	Patrocinador	Termo de abertura	Alta	1.0	Ativo	30/10/19
2	Não gastar mais do que R$ 10 milhões	Patrocinador	Objetivos	Alta	1.0	Adicionado	10/7/19
3	Implantação do novo serviço em 50% das agências	Diretor executivo	Contrato	Média	1.0	Realizado	2/10/19
4	Clientes em cidades com mais de 500 mil habitantes terão preferência	Cliente	Entrevista	Baixa	2.0	Cancelado	20/8/19

Posições possíveis: ativo, cancelado, adiado, adicionado, aprovado, designado, realizado.

Matriz de correlação entre requisitos

Os relacionamentos entre os requisitos, caso existam, podem ser evidenciados por meio de matrizes de correlação entre requisitos, as quais podem incluir o rastreamento de:

- requisitos com necessidades de negócio, oportunidades, metas e objetivos;
- requisitos com objetivos do projeto;
- requisitos com escopo do projeto/entregas da EAP;
- requisitos com desenho do produto;
- requisitos com desenvolvimento do projeto;
- requisitos com estratégia e cenários de teste;
- requisitos de alto nível com requisitos detalhados.

O quadro 7 apresenta um exemplo de matriz de correlação de requisitos, a qual mostra as relações entre requisitos de um projeto, sejam estes quais forem.

Quadro 7
Exemplo de matriz de correlação entre requisitos

	R1	R2	R3	R4	R5	R6
R1			X	X		
R2					X	X
R3				X	X	
R4		X				
R5						X
R6						

No exemplo, R1 é dependente de R3 e R4; R2 é dependente de R5 e R6 etc. Se for proposta uma alteração no requisito R4, a leitura da coluna R4 aponta que R1 e R3 dependem de R4. Deve ser avaliado, com isso, o impacto em R1 e R3 com relação à alteração proposta para R4.

* * *

Apresentamos, neste capítulo, a importância da coleta de requisitos para o projeto e suas principais entregas, a documentação dos requisitos e as matrizes de rastreabilidade de requisitos e de correlação entre os requisitos, descrevendo os componentes essenciais desses documentos e alguns dos insumos (entradas) necessários para sua obtenção. Vimos que o principal benefício da coleta de requisitos é fornecer a base para definir e gerenciar o escopo do projeto, incluindo o escopo do produto.

No próximo capítulo, descreveremos os benefícios da definição do escopo, focando na entrega-chave desse processo, isto é, a especificação do escopo do projeto. Falaremos sobre seus componentes e insumos principais e daremos destaque a importantes técnicas para sua preparação e às diferenças em relação ao termo de abertura.

4
Definir o escopo

Prezado leitor, conforme mencionamos nos capítulos anteriores, pretendemos continuar a apresentar boas justificativas do esforço cuidadoso para o gerenciamento do escopo, esse elemento central do gerenciamento de projetos, agora especificamente voltadas para sua definição. Assim, destacaremos neste capítulo a especificação do escopo do projeto, sua importância e seus principais insumos, componentes e técnicas de preparação.

Uma vez que pode haver um grau de redundância entre os componentes da especificação do escopo do projeto e os do termo de abertura do projeto, mostramos, no final do capítulo, as principais diferenças entre os elementos que ocorrem em cada documento, juntamente com um exemplo de especificação do escopo do projeto.

A importância de uma boa definição do escopo

Suponha que um escritório de arquitetura, antes de iniciar a construção de um condomínio residencial para seu mais importante cliente, tenha submetido à contratante uma série de ideias na forma de esboços e maquetes eletrônicas, além de recomendações sobre métodos construtivos. As sugestões descartadas foram substituídas por outras, e o conjunto todo foi refinado até que a equipe formatasse um anteprojeto no qual o cliente sentiu-se à vontade para aprovar a abordagem e o escopo do serviço a ser prestado. Decidida a não partir para a execução com base apenas num entendimento preliminar, a equipe agora se sentia mais confortável em prosseguir com os trabalhos. A definição a respeito do momento a partir do qual a construção/execução do produto final do projeto deve ser iniciada está frequentemente condicionada, entre outros fatores, a pressões comerciais que demandem acelerar a geração da solução para rivalizar com iniciativas dos competidores ou ao grau de ineditismo do trabalho a ser realizado.

Em projetos de ciclo de vida iterativo, uma visão de alto nível vai ser desenvolvida para todo o projeto, porém o escopo detalhado é determinado somente para cada uma das iterações, sendo que o planejamento detalhado para a próxima iteração é conduzido conforme o trabalho progride no escopo e nas entregas atuais. Por exemplo, a definição do escopo de um projeto de clonagem de organismos complexos, que, em função da tecnologia atual disponível, encerra elevado grau de ineditismo e experimentação, dependerá muito mais dos resultados da própria execução paulatina de suas diversas fases – nesse caso, a equipe depende da execução do projeto para elaborar progressivamente seu escopo.

Em suma, antes de simplesmente "sair fazendo" (o famoso "fazejamento"), o objetivo central do gerente e da equipe na definição do escopo do projeto deve ser, com base no termo de abertura, o de prover esclarecimento paulatino, no menor tempo possível, sobre o que fazer, de que forma entregá-lo e como medir os resultados do escopo do projeto, em um equilíbrio satisfatório entre as restrições-chave do projeto e o nível de incerteza com o qual as partes interessadas sentem-se confortáveis para tomar decisões. O documento que consolida essas informações é a especificação do escopo do projeto.

No Brasil, a julgar por alguns resultados específicos da pesquisa PMSURVEY.ORG de 2012 (PMSURVEY.ORG, 2013), um percentual alto (79,2%) das empresas respondentes confirma, ao menos em parte, a importância conferida à formalização das definições de escopo do projeto.

Especificação do escopo do projeto: um documento-chave de consenso entre as partes interessadas

A especificação do escopo do projeto corresponde a um anteprojeto do trabalho a ser realizado. Como no exemplo do escritório de arquitetura do início deste capítulo, uma vez que os responsáveis decidiram pelo prosseguimento do trabalho com base nas informações preliminares apresentadas no termo de abertura, cumpre, agora, detalhar tais informações. O resultado disso, registrado na especificação do escopo do projeto, deverá refletir um conjunto de definições de consenso entre as partes interessadas a respeito do escopo do projeto – uma espécie de acordo documentado que suporte decisões a respeito de eventuais solicitações futuras de alterações nas definições-chave do produto.

É recomendável que a escolha dos nomes dos vários documentos do projeto seja inspirada na nomenclatura usual das "boas práticas" adotada neste livro; entretanto, frisamos que quaisquer que sejam os termos adotados, eles precisam, acima de tudo, fazer sentido para os envolvidos, levando em consideração os termos já consagrados pelo uso na organização. Embora empresas adotem a expressão "declaração de trabalho" (*statement of work* ou SOW) para nomear genericamente o que apresentamos aqui como especificação do escopo do projeto, o PMI (2017a) faz distinção entre os mesmos. A declaração do trabalho é frequentemente associada ao escopo do produto, como documentação técnica complementar ao contrato que rege o projeto, a fim de assegurar o entendimento, a validação e o compromisso entre as partes interessadas a respeito do que deve ser entregue. Geralmente, é requisitada pelo contratante ao fornecedor ou mesmo providenciado pelo cliente. De qualquer modo, o que importa de fato é garantir uma linguagem comum entre todas as partes interessadas no projeto e, de preferência, registrá-la num glossário para facilitar a comunicação também com entidades de fora da organização ou com profissionais recém-integrados à equipe.

Os principais componentes de uma especificação do escopo do projeto correspondem, em essência, ao resultado do detalhamento das informações que constam no termo de abertura do projeto, descrito no capítulo 2. A equipe deve elaborá-las progressivamente, à medida que o projeto avança, visando gerar uma lista completa de entregas (conceito definido no capítulo 1) e seus respectivos requisitos e critérios de medição, propiciando às partes interessadas referências tangíveis para avaliar o sucesso da evolução contínua e da conclusão dos trabalhos. Com tal intuito, é possível correlacionar esses critérios a cada área de conhecimento, e essa correlação poderá servir como referência para o desenvolvimento do dicionário da EAP, assunto que abordaremos no capítulo seguinte. Por exemplo:

- escopo: especificações técnicas;
- cronograma: prazos de entrega ou marcos-chave na forma de datas;
- custos: estimativa orçamentária;
- qualidade: adequação a normas internas ou externas à organização do projeto;
- riscos: principais ameaças e oportunidades associadas à confecção da entrega;
- recursos: matriz de responsabilidades das partes interessadas;
- comunicação: qual(is) parte(s) interessada(s) deve(m) ser informada(s) e de que forma;

- aquisições: critérios de seleção dos fornecedores associados à entrega, caso existam;
- partes interessadas: análise das partes interessadas.

Adicionalmente, recomendamos que na especificação do escopo do projeto sejam apontadas suas fronteiras e interfaces, os critérios de aceitação e também as hipóteses (suposições ou premissas) e restrições, conforme descrito a seguir:

- *Fronteiras e interfaces do projeto.* A equipe deve caracterizar as fronteiras do projeto tão precisamente quanto possível, descrevendo o que está e o que não está compreendido no escopo do produto e no escopo do projeto, destacando o que não é de sua responsabilidade realizar. O mesmo cuidado se aplica à definição das interfaces, ou seja, às possíveis ligações com outros projetos, áreas organizacionais (recursos, logística, tecnologia da informação, por exemplo) ou entidades externas (fornecedores, comunidades locais, por exemplo). Isso permitirá refinar o foco de trabalho da equipe e apoiará o gerenciamento adequado das expectativas das partes interessadas quanto aos resultados que devem receber. É importante destacar também que, a partir dessas fronteiras e interfaces, poderão surgir oportunidades de compartilhamento de recursos e atividades entre projetos e áreas organizacionais (gerando economias mútuas e aceleração das atividades); de aprendizagem (lições aprendidas de projetos semelhantes); ameaças e restrições, na forma de dependências externas caracterizadas por resultados do projeto que estejam condicionados a esforços de outros projetos.
- *Critérios de aceitação.* São as condições que devem ser atingidas para que as entregas sejam aceitas.

Um exemplo de especificação do escopo do projeto pode ser encontrado no quadro 8.

Quadro 8
Exemplo de modelo de especificação do escopo do projeto

Nome do projeto
Descrição do escopo do projeto e critérios de aceitação Elabore mais as características do produto, serviço ou resultado descrito no termo de abertura do projeto e nos requisitos Defina como o produto/serviço do projeto será considerado aceito
Entregas do projeto (o que será feito) Descreva tanto as entregas que compõem o produto ou serviço do projeto quanto os resultados auxiliares, tais como relatórios e documentação de gerenciamento do projeto
Exclusões do projeto Descreva o que está fora do escopo e não será atendido pelo projeto
Aprovação: Nome   Cargo   Data

Entradas para definir o escopo

Segundo o PMI (2017a), as entradas-chave para a confecção da especificação do escopo do projeto são, além do plano de gerenciamento do escopo, o termo de abertura do projeto, a documentação dos requisitos, os fatores ambientais da empresa e os ativos de processos organizacionais – já descritos nos capítulos anteriores –, o registro de premissas e o registro dos riscos, caracterizados a seguir.

Registro de premissas

O registro de premissas identifica premissas e restrições sobre produto, projeto, ambiente, partes interessadas e outros fatores que podem influenciar o escopo do projeto e do produto (PMI, 2017a).

Premissas (suposições, hipóteses ou assumptions) consistem em fatores que são assumidos, ou seja, considerados verdadeiros, reais ou certos, sem prova ou demonstração. As premissas são listadas em um arquivo separado, pelo simples fato de que é impossível se ter certeza de todos os fatores que influenciam o planejamento de um projeto antes de iniciar sua execução. As premissas podem se provar falsas, de modo que cada uma possui um risco associado, o qual deve ser determinado. Mais informações sobre essas suposições podem ser encontradas no capítulo 2.

Restrições são fatores limitantes que afetam a execução de um projeto ou processo. Sejam internas ou externas, afetam a execução do projeto. Datas impostas por um cliente, um orçamento predefinido ou provisões contratuais são exemplos típicos de restrições, as quais podem ser descritas na especificação do escopo do projeto ou em um arquivo em separado. Mais informações sobre as restrições podem também ser encontradas no capítulo 2.

Registro dos riscos

O registro dos riscos contém estratégias de resposta que podem afetar o escopo do projeto, por exemplo, reduzir ou ampliar seu escopo e o do produto como resposta a um risco.

Como preparar uma boa especificação do escopo do projeto

Entre as técnicas aplicáveis à preparação da especificação do escopo do projeto, destacaremos a análise do produto e a identificação de alternativas. Elas são particularmente úteis para a determinação das entregas do projeto e respectivos critérios de aceitação. A habilidade na aplicação das ferramentas passa a ser crítica quando prevalecem níveis elevados de desconhecimento da equipe em relação ao produto do projeto – essa é uma ameaça importante, que pode prejudicar ou mesmo inviabilizar o desenvolvimento do projeto.

Análise do produto

Frequentemente utilizada no âmbito do gerenciamento da qualidade, essa técnica é aplicável especificamente quando o projeto tem como solução requerida um produto tangível, e não um serviço ou um conjunto de procedimentos. Cada área de aplicação tem métodos geralmente aceitos para apoiá-la na tradução de objetivos em entregáveis, cuja complexidade pode variar bastante. Podem ser, por exemplo, reuniões para elaborar e validar uma lista de atributos desejáveis ou o desenvolvimento de protótipos seguido da execução de provas de conceito em amostras representativas do público-alvo do produto. De um modo geral, as técnicas de análise de produto incluem abordagens como:

- engenharia de sistemas;
- análise de decomposição do produto;
- análise do valor e da função;
- implantação da função qualidade (*quality function deployment* – QFD), já descrita no capítulo anterior.

Engenharia de sistemas

Significa genericamente desenhar, implementar, aplicar e operar sistemas que incluem *hardware*, *software* e pessoas. Requer um amplo acordo de coordenação entre as disciplinas. Seu foco é o de estabelecer uma solução geral para um problema complexo, envolvendo desde a definição de necessidades do usuário, dos requisitos do sistema, da arquitetura, do desenho e do desenvolvimento, até os testes, implementação, operação e manutenção da solução. Essa abordagem pode ser bastante complexa e é aplicável a diversas áreas, como o marketing, segundo a definição de Kotler (1993:135):

> Um sistema de informação de marketing é uma estrutura contínua e interagente de pessoas, equipamentos e processos, que congregam, classificam, analisam, avaliam e distribuem a informação conveniente, oportuna e correta, para os responsáveis pelas decisões de marketing, para incrementar o planejamento, a implementação e o controle de marketing.

Análise de decomposição do produto

Refere-se à subdivisão do conceito ou ideia central do produto em subcomponentes menores e mais facilmente compreensíveis, até um nível de detalhes suficiente para a definição de atributos específicos e subsequente desenvolvimento das atividades necessárias para sua prototipagem ou produção. Esse princípio tem ampla aplicação e é utilizado na elaboração da lista de entregáveis do projeto, relacionada à especificação do escopo do projeto e no processo de criação da EAP.

Análise do valor e da função

Essa abordagem (Marshall Junior et al., 2003) tem o objetivo principal de identificar as funções do objeto em estudo, estabelecer o valor dessas funções e provê-las ao menor custo possível, garantindo nível de qualidade igual ou superior ao do produto inicial. Denomina-se análise de valor quando aplicada a produtos acabados; engenharia de valor quando empregada em novos projetos (abordagem de natureza preventiva, por minimizar custos previsíveis que pesariam sobre o produto ao longo de seu ciclo de vida); e gestão de valor quando conduzida em atividades administrativas. A disponibilidade de registros suficientes aumenta a eficácia no desenvolvimento das atividades associadas à análise de valor. Essa abordagem se baseia em conceitos como "pensamento na função" (preocupação em entender as funções do objeto em estudo e de que forma estão relacionadas com as necessidades dos clientes); quantificação dos objetivos; trabalho em equipe; criatividade; e sistematização do trabalho (preocupação em seguir uma metodologia entendida por todos a fim de garantir um bom resultado). O quadro 9 descreve os principais elementos da análise do valor e da função.

Quadro 9
Principais elementos da análise do valor e da função

Objeto	Função	Custo	Valor
Bem ou serviço, projeto ou processo de trabalho em estudo	Tarefas ou atributos que os objetos procuram desempenhar ou de que são dotados. São classificados quanto ao uso e quanto à classe Quanto ao uso: • função de uso – valor de uso (p. ex., "permitir assento", no caso do objeto "cadeira") • função de estima: valor de estima para os clientes, não mensuráveis (p. ex., "criar *status*", no caso do objeto "cadeira") Quanto à classe: • função principal – razão principal da existência do produto (p. ex., "permitir assento", no caso do objeto "cadeira") • função secundária – funções com o objetivo de auxiliar ou expandir o desempenho da função principal (necessária, desnecessária, acessória)	A avaliação dos insumos e processos necessários para a produção de um bem ou serviço	Quatro tipos: • de uso – relacionado com as funções que o objeto deve cumprir • de estima – o poder que o objeto exerce sobre as pessoas e que as leva a desejar possuí-lo – associado à atratividade • de custo – soma dos custos necessários para a produção do objeto • de troca – soma dos valores de uso e de estima que permite a venda pelo cliente

Fonte: adaptado de Marshall Junior et al. (2003).

Análise de alternativas

A investigação de alternativas factíveis e interessantes para a definição e análise do produto é fator crítico de sucesso para o gerenciamento do escopo do projeto e para o próprio projeto. Opções criativas para componentes, especificações e funcionalidades em geral podem otimizar ou mesmo viabilizar todo o ciclo de vida do produto, da definição à comercialização, traduzindo-se em benefícios relevantes para o negócio da organização (diferenciação no mercado, fidelização da base de clientes, conquista de novos consumidores, barreira à entrada de novos produtos da concorrência, criação de produtos substitutos, entre outros). Por exemplo, na área de tecnologia da informação, o desenvolvimento de um sistema pode utilizar o modelo tradicional ou o modelo em espiral; na área de engenharia, pode-se adotar a engenharia simultânea, uma metodologia de trabalho e modelo organizacional que consiste na realização de várias fases de um projeto de modo colaborativo e com execução de várias funções de engenharia simultaneamente (ou em paralelo). Pode-se ainda optar pelo sistema de casas pré-fabricadas ou pela elaboração de um projeto (*design*) específico com a construção *in loco*; na área de telecomunicações, as peças para a montagem de uma antena podem vir em blocos pré-montados em outro local ou ser totalmente montadas no local em que a antena será erguida. Entre as abordagens para a identificação de alternativas, destacamos:

- listagem de atributos;
- identificação da necessidade/problema;
- pensamento lateral (do qual derivam o *brainstorming* e a sínese).

Listagem de atributos (Kotler, 1993)

Envolve a listagem dos principais atributos de um produto já existente no mercado para então desafiá-los na busca de um produto aperfeiçoado. Algumas questões ajudarão a estimular boas ideias.

Identificação da necessidade/problema (Kotler, 1993)

As três abordagens mencionadas anteriormente não requerem a presença do consumidor para a geração de ideias. Já esta se inicia com ele pela indagação a respeito de suas necessidades, problemas e ideias, registrados numa lista classificada por grau de seriedade, incidência e custo de correção. Uma variação pode ser adotada: os consumidores recebem uma lista de problemas e reportam-se aos produtos correspondentes que lhes vêm à mente (por exemplo, "o pacote do produto X não cabe na prateleira").

Pensamento lateral (De Bono, 1994)

Criado por Edward de Bono, o conceito de pensamento lateral consiste na geração de novas ideias e no abandono das obsoletas. Aplicado ao gerenciamento de projetos, é uma técnica para aumentar a criatividade da equipe na busca de alternativas de projeto em que o autor distingue o pensamento lateral (descontínuo, baseado no inusitado, fora dos padrões e destinado à geração de ideias) do vertical (contínuo, baseado na lógica tradicional e que possibilita passar de um estado de informação para outro diretamente, orientado para o desenvolvimento das ideias geradas). Seus princípios básicos são: o reconhecimento de ideias dominantes ou polarizadoras, a procura de maneiras diferentes de ver as coisas, o relaxamento do controle rígido do pensamento vertical, o uso do acaso e de métodos provocativos para introduzir descontinuidade e o entendimento da nova palavra operacional com alguma habilidade no seu uso. Algumas aplicações práticas da técnica do pensamento lateral são o *brainstorming* e a sínese:

- *Brainstorming* (Marshall Junior et al., 2003). Já descrito no capítulo 3, é tipicamente um processo de pensamento lateral, desenhado para ajudar a desafiar padrões e desinibir o raciocínio criativo. Por isso mesmo, a avaliação das ideias geradas e registradas só deverá ser feita uma vez concluída a tempestade. A partir daí podem ser aplicadas abordagens tradicionais como as já mencionadas ou como a técnica do grupo nominal (TGN), também já descrita no capítulo 3.
- *Sínese* (Kotler, 1993). Uma variação do *brainstorming*, combinando procedimentos de omissão de conceito (ao se omitir um conceito podem facilmente ser criadas novas ideias) e fracionamento (divisão de um conceito em quaisquer partes independentemente do próprio conceito). Consiste em definir o problema de maneira tão ampla que o grupo não se sinta compelido a detalhá-lo, mas sim a compreendê-lo por diferentes ângulos a partir da citação de uma noção geral associada ao problema, ao invés da sua descrição precisa (por exemplo, ao buscar soluções para um problema técnico de vedação, inicia-se a reunião com o tema "clausura"). À medida que o grupo esgote as perspectivas de um tema, novos vão sendo inseridos até que, ao final, o animador descreve o tema-chave (o problema gerador do debate) e o grupo refina a solução definitiva a partir das inúmeras ideias geradas.

Prezado leitor, você pôde perceber que as ferramentas/abordagens de opinião especializada, análise do produto e identificação de alternativas (geração de ideias) que descrevemos aqui variam em complexidade, aplicabilidade e demanda pela presença do cliente. Certamente, nenhuma delas sozinha é capaz de atender às necessidades da equipe de projeto para detalhar o escopo – mas a aplicação habilidosa de uma combinação de algumas dessas técnicas poderá prover valioso suporte ao sucesso do projeto, ao longo de todo o ciclo de vida do projeto, em especial durante os processos de planejamento e, em particular, na definição do escopo.

Diferenças entre a especificação do escopo do projeto e o termo de abertura do projeto

Embora a especificação do escopo do projeto usualmente repita e expanda elementos do termo de abertura, dentro do conceito de elaboração progressiva, o qual envolve melhorar e detalhar o planejamento conforme informações mais detalhadas e específicas se tornam disponíveis, é possível tentar distinguir os elementos que ocorrem em cada documento para reduzir repetições. O quadro 10 lista uma sugestão relativa aos elementos que cada um dos documentos pode vir a conter.

* * *

Neste capítulo, você foi apresentado aos benefícios da definição do escopo, focando na sua entrega-chave – a especificação do escopo do projeto –, e viu seus principais componentes e insumos, bem como algumas ferramentas importantes para a preparação desse documento.

Quadro 10
Elementos do termo de abertura do projeto
e da especificação do escopo do projeto

Termo de abertura do projeto	Especificação do escopo do projeto
Finalidade do projeto	Especificação do escopo do projeto (elaborada progressivamente)
Objetivos mensuráveis do projeto e critérios de sucesso relacionados	Entregas do projeto
Descrição de alto nível do projeto, limites e principais entregas	Exclusões do projeto
Risco geral do projeto	
Cronograma de marcos resumido	
Recursos financeiros pré-aprovados	
Lista das principais partes interessadas	
Requisitos para aprovação do projeto (ou seja, o que constitui o sucesso do projeto, quem decide se o projeto é bem-sucedido e quem autoriza seu encerramento	
Critérios de término do projeto (ou seja, quais são as condições que devem ser cumpridas para encerrar ou cancelar o projeto ou fase)	
Gerente do projeto designado, responsabilidade e nível de autoridade	
Nome e autoridade do patrocinador ou outra(s) pessoa(s) que autoriza(m) o termo de abertura do projeto	

Fonte: PMI (2017a).

No próximo capítulo, você acompanhará o processo de criação daquele que é considerado o principal documento de planejamento do projeto, a EAP (estrutura analítica de projeto), expressão (sigla) da língua portuguesa para WBS *(work breakdown structure)*. Você poderá ver uma estratégia possível para sua geração, seus "10 mandamentos" e uma série de exemplos que certamente o ajudarão em seus projetos.

5
Criar a estrutura analítica do projeto (EAP)

Considerando que uma imagem é melhor do que mil palavras, é interessante termos um instrumento que seja capaz de expressar, por meio de uma imagem, as entregas previstas para o projeto. Este capítulo irá descrever como fazer isso.

A estrutura analítica do projeto (EAP) é a expressão da língua portuguesa para *work breakdown structure* (WBS). De acordo com o PMI (2017a:156), ela representa uma

> decomposição hierárquica orientada às entregas do trabalho a ser executada pela equipe para atingir os objetivos do projeto e criar as entregas requisitadas, sendo que cada nível descendente da EAP representa uma definição gradualmente mais detalhada da definição do trabalho do projeto.

Por meio de estrutura semelhante a um organograma, a EAP representa o que deverá ser entregue pelo projeto. Ela permite detalhar quais as entregas que devem ser geradas em função dos objetivos do projeto.

A organização das entregas por meio de uma EAP vem sendo fortemente utilizada em empreendimentos de sucesso em todo o mundo, já que permite o esclarecimento à equipe do projeto, fornecedores, clientes, patrocinadores e demais partes interessadas sobre o que se espera em termos de resultados do projeto e, consequentemente, do que será monitorado e controlado. Se o gerente optar por estruturar a EAP em função das fases do ciclo de vida do projeto e de seus componentes terá maior facilidade para alocar/controlar os custos do empreendimento e sua organização, uma vez que a conta de controle corresponde à fase e subfases do projeto. Essa opção pode estar previamente representada no plano de gerenciamento do escopo.

Decompondo o escopo

Desde o início do projeto, devemos pensar nele de uma forma sistêmica, isto é, pensar nele como um todo e em suas partes (decomposição hierárquica). Pelo glossário do PMI (2017a:706), a decomposição é

> uma técnica que subdivide o escopo do projeto e as entregas do projeto em componentes menores e mais facilmente gerenciáveis até que o trabalho do projeto associado à realização do escopo do projeto e ao fornecimento das entregas seja definido em detalhes suficientes para dar suporte à execução, ao monitoramento e ao controle do trabalho.

Definir componentes menores facilita a estimativa de prazo, custo e recursos para sua conclusão; auxilia na definição de critérios para monitoração e controle do desempenho e viabiliza uma atribuição de responsabilidade mais adequada à realidade do projeto.

Apesar de outras áreas de aplicação realizarem decomposição utilizando modelos de estruturas analíticas semelhantes a uma EAP, não devemos confundi-la com outras estruturas. Uma estrutura analítica de riscos, organizada por categoria de risco, ou uma estrutura analítica de recursos, categorizada pelo tipo de recurso, ou uma lista de preço de materiais, que compõe a árvore do produto, ou um organograma, que representa os órgãos da empresa, são ferramentas usadas em outras áreas de conhecimento abordadas pelo gerenciamento de projetos.

Estratégia possível para a criação de uma EAP

O gerenciamento do conhecimento aplicado a um projeto deve coletar, armazenar e disponibilizar as informações históricas e as lições aprendidas em outros projetos, viabilizando o aprendizado com o passado. Assim, uma EAP de um projeto específico poderá ser utilizada parcialmente em outro projeto semelhante. É comum a empresa definir modelos que deverão ser utilizados em seus projetos, facilitando a criação e padronizando a estrutura de uma EAP.

O quadro 11 não é uma abordagem obrigatória, mas representa uma estratégia possível para criação de uma EAP em que as fases do ciclo de vida são apresentadas no segundo nível. Salientamos, entretanto, que podemos escolher uma estratégia na qual o projeto seja decomposto por área geográfica ou partes componentes e não por fases do ciclo de vida.

Quadro 11
Estratégia possível para a criação de uma EAP

1. Escrever o nome do projeto no primeiro nível (nível 0) da EAP
2. Iniciar o segundo nível com as entregas de gerenciamento do projeto e de encerramento
3. Acrescentar as fases do ciclo de vida (entrega completa da fase) do projeto no segundo nível
4. Decompor as entregas (produtos ou serviços) em subprodutos (entregas parciais) que as constituem
5. Decompor as entregas parciais até um nível de detalhe que viabilize o planejamento e controle em termos de tempo, custo, qualidade, risco, atribuição de responsabilidades e contratação, se for o caso
6. Revisar continuamente a EAP, refinando-a quando necessário, até que a mesma esteja apta para ser aprovada

Vejamos cada um desses passos:

1. Escrever o nome do projeto no primeiro nível (nível 0) da EAP.

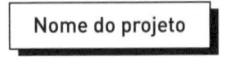

> Nome do projeto

2. Iniciar o segundo nível com as entregas de gerenciamento do projeto e de encerramento.

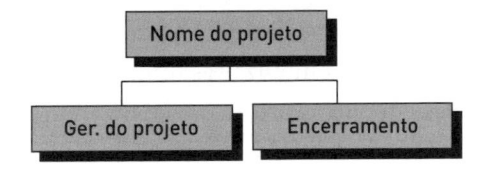

```
         Nome do projeto
           /         \
    Ger. do projeto   Encerramento
```

3. Acrescentar as fases do ciclo de vida (entrega completa da fase) do projeto no segundo nível.

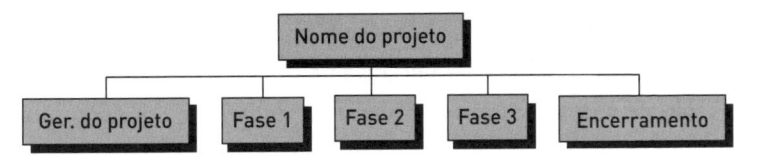

```
                  Nome do projeto
    /         |        |        |          \
Ger. do    Fase 1   Fase 2   Fase 3    Encerramento
projeto
```

4. Decompor as entregas (produtos ou serviços) em subprodutos (entregas parciais) que as constituem.

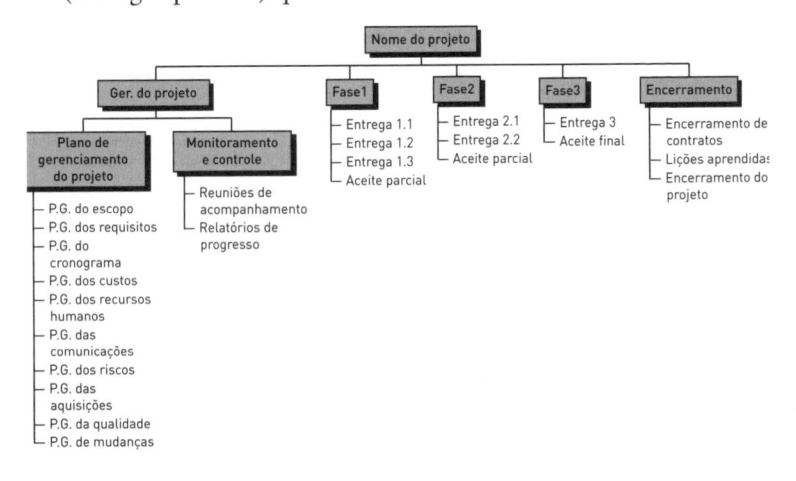

- **Nome do projeto**
  - **Ger. do projeto**
    - **Plano de gerenciamento do projeto**
      - P.G. do escopo
      - P.G. dos requisitos
      - P.G. do cronograma
      - P.G. dos custos
      - P.G. dos recursos humanos
      - P.G. das comunicações
      - P.G. dos riscos
      - P.G. das aquisições
      - P.G. da qualidade
      - P.G. de mudanças
    - **Monitoramento e controle**
      - Reuniões de acompanhamento
      - Relatórios de progresso
  - **Fase1**
    - Entrega 1.1
    - Entrega 1.2
    - Entrega 1.3
    - Aceite parcial
  - **Fase2**
    - Entrega 2.1
    - Entrega 2.2
    - Aceite parcial
  - **Fase3**
    - Entrega 3
    - Aceite final
  - **Encerramento**
    - Encerramento de contratos
    - Lições aprendidas
    - Encerramento do projeto

5. Decompor as entregas parciais até um nível de detalhe que viabilize o planejamento e controle em termos de tempo, custo, qualidade, risco, atribuição de responsabilidades e contratação, se for o caso.

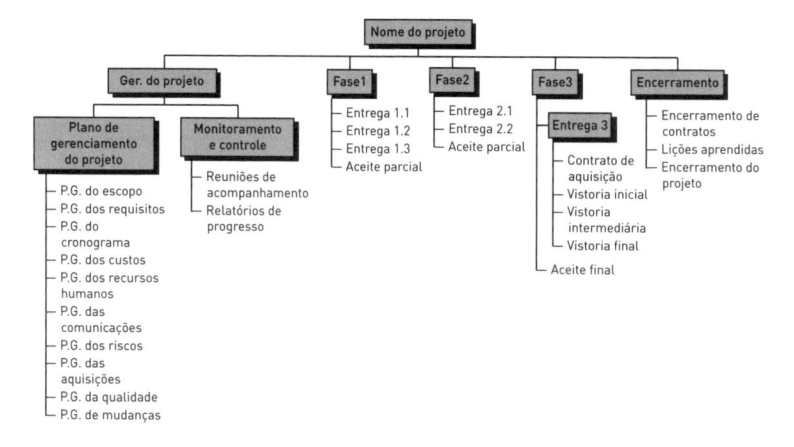

```
                              Nome do projeto
    ┌──────────────┬──────────────┬──────────────┬──────────────┬──────────────┐
    Ger. do projeto              Fase1          Fase2          Fase3         Encerramento
    ┌──────────┬──────────┐      ─ Entrega 1.1  ─ Entrega 2.1   Entrega 3    ─ Encerramento de
    Plano de   Monitoramento     ─ Entrega 1.2  ─ Entrega 2.2                  contratos
    gerenciamento e controle     ─ Entrega 1.3  ─ Aceite parcial ─ Contrato de ─ Lições aprendidas
    do projeto                   ─ Aceite parcial                 aquisição   ─ Encerramento do
                ─ Reuniões de                                   ─ Vistoria inicial  projeto
    ─ P.G. do escopo  acompanhamento                            ─ Vistoria
    ─ P.G. dos requisitos ─ Relatórios de                         intermediária
    ─ P.G. do           progresso                               ─ Vistoria final
      cronograma
    ─ P.G. dos custos                                           ─ Aceite final
    ─ P.G. dos recursos
      humanos
    ─ P.G. das
      comunicações
    ─ P.G. dos riscos
    ─ P.G. das
      aquisições
    ─ P.G. da qualidade
    ─ P.G. de mudanças
```

Os aceites expressos na EAP acima representam aceites do cliente, enquanto as vistorias devem ser realizadas pela equipe do projeto no fornecedor da entrega 3.

Você pode reparar que os componentes que não estão dentro de uma caixa estão expressos no nível mais baixo de cada ramo da EAP. Esses componentes são denominados pacotes de trabalho e devem ser detalhados no dicionário da EAP. Eles representam as entregas individuais propriamente ditas do projeto.

6. Revisar continuamente a EAP, refinando-a, quando necessário, até que a mesma esteja apta para ser aprovada.

A revisão contínua permite que a EAP, gradativamente, represente de forma mais fidedigna o que se espera em termos de resultado do projeto.

Para um melhor entendimento, apresentamos na figura 10 uma EAP sobre a formatação de um trabalho acadêmico baseado na norma da ABNT NBR 14724, de julho de 2001, e contemplando as alterações na norma feitas em agosto de 2002, em uma representação gráfica.

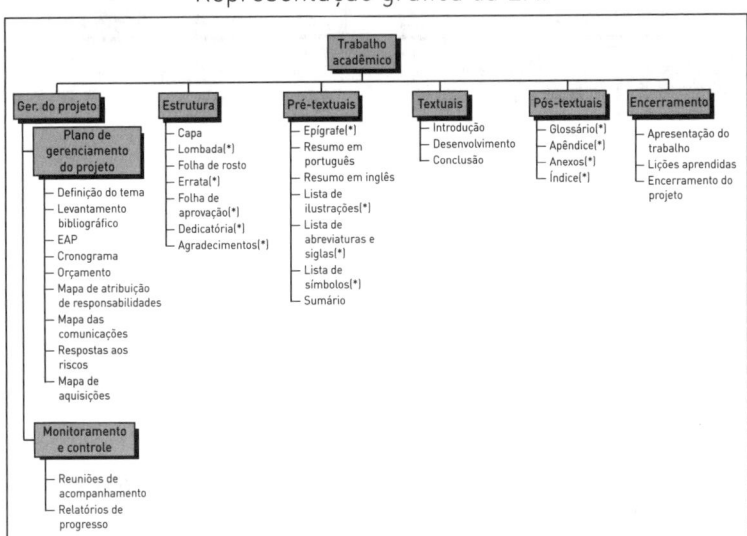

Figura 10
Representação gráfica da EAP

```
                                    Trabalho
                                    acadêmico
    ┌───────────┬───────────┬───────────┬───────────┬───────────┬───────────┐
Ger. do projeto  Estrutura   Pré-textuais  Textuais   Pós-textuais  Encerramento

Plano de        ─ Capa        ─ Epígrafe(*)   ─ Introdução    ─ Glossário(*)   ─ Apresentação do
gerenciamento   ─ Lombada(*)  ─ Resumo em     ─ Desenvolvimento ─ Apêndice(*)    trabalho
do projeto      ─ Folha de rosto  português   ─ Conclusão     ─ Anexos(*)     ─ Lições aprendidas
─ Definição do tema ─ Errata(*)  ─ Resumo em inglês            ─ Índice(*)     ─ Encerramento do
─ Levantamento  ─ Folha de    ─ Lista de                                        projeto
 bibliográfico   aprovação(*)  ilustrações(*)
─ EAP           ─ Dedicatória(*) ─ Lista de
─ Cronograma    ─ Agradecimentos(*) abreviaturas e
─ Orçamento                    siglas(*)
─ Mapa de atribuição           ─ Lista de
 de responsabilidades           símbolos(*)
─ Mapa das                     ─ Sumário
 comunicações
─ Respostas aos
 riscos
─ Mapa de
 aquisições

Monitoramento
e controle

─ Reuniões de
 acompanhamento
─ Relatórios de
 progresso
```

De acordo com Chaves (2013), algumas dessas entregas podem ser consideradas opcionais para o desenvolvimento de um trabalho acadêmico, mas, por uma questão didática, elas aparecem identificadas com asterisco (*).

Cada elemento em uma EAP é representado por um código de conta que irá servir para o planejamento, execução, monitoramento e controle do mesmo. Numa operação análoga ao centro de custo, podemos associar a esse código todas as alocações de recursos humanos, materiais e financeiros.

Os códigos de contas nos possibilitam apresentar a mesma EAP sobre a formatação de um trabalho acadêmico em uma representação hierárquica, como no quadro 12.

Quadro 12
Representação hierárquica da EAP

1......Trabalho acadêmico
1.1......Ger. do projeto
1.1.1......Plano de gerenciamento do projeto
1.1.1.1......Definição do tema
1.1.1.2......Levantamento bibliográfico
1.1.1.3......EAP
1.1.1.4......Cronograma
1.1.1.5......Orçamento
1.1.1.6......Mapa de atribuição de responsabilidades
1.1.1.7......Mapa das comunicações
1.1.1.8......Respostas aos riscos
1.1.1.9......Mapa de aquisições
1.1.2......Monitoramento e controle
1.1.2.1......Reuniões de acompanhamento
1.1.2.2......Relatórios de progresso
1.2......Estrutura
1.2.1......Capa
1.2.2......Lombada(*)
1.2.3......Folha de rosto
1.2.4......Errata(*)
1.2.5......Folha de aprovação(*)
1.2.6......Dedicatória(*)
1.2.7......Agradecimentos(*)
1.3......Pré-textuais
1.3.1......Epígrafe(*)
1.3.2......Resumo em português
1.3.3......Resumo em inglês
1.3.4......Lista de ilustrações(*)
1.3.5......Lista de abreviaturas e siglas(*)
1.3.6......Lista de símbolos(*)
1.3.7......Sumário
1.4......Textuais
1.4.1......Introdução
1.4.2......Desenvolvimento
1.4.3......Conclusão
1.5......Pós-textuais
1.5.1......Glossário(*)
1.5.2......Apêndice(*)
1.5.3......Anexos(*)
1.5.4......Índice(*)
1.6......Encerramento
1.6.1......Apresentação do trabalho
1.6.2......Lições aprendidas
1.6.3......Encerramento do projeto

Outros critérios para decomposição, além das fases do ciclo de vida do projeto indicadas, podem se dar em função da tecnologia, dos pacotes de fornecimento, da questão da localização geográfica, dos requisitos organizacionais, dos sistemas de informação etc.

Os 10 mandamentos de uma EAP

Figura 11
Os 10 mandamentos de uma EAP

I. Cobiçarás a EAP do próximo.
II. Explicitarás todas as entregas, inclusive as necessárias ao gerenciamento do projeto.
III. Não usarás os nomes em vão.
IV. Guardarás a descrição dos pacotes de trabalho no dicionário da EAP.
V. Decomporás até o nível de detalhe (pacote de trabalho) que permita o planejamento e controle necessário para a entrega do subproduto.
VI. Não decomporás em demasia, de forma que o custo/tempo de planejamento e controle não traga o benefício correspondente.
VII. Honrarás o pai.
VIII. Decomporás de forma que a soma das entregas dos elementos componentes (filho) corresponda à entrega do elemento pai (mandamento dos 100%).
IX. Não decomporás em somente uma entrega.
X. Não repetirás o mesmo elemento como componente de mais de uma entrega.

Fonte: adaptada de Xavier (2014).

Vejamos agora cada um desses mandamentos.

CRIAR A ESTRUTURA ANALÍTICA DO PROJETO (EAP)

I. *Cobiçarás a EAP do próximo.*
Antes de criar a EAP a partir do zero, verifique se existem modelos padronizados na empresa, pesquise na literatura e em outras fontes disponíveis tais como *homepages* de empresas especializadas em projetos. Entre em contato com outros profissionais de gerenciamento que tenham participado de projetos semelhantes ao seu. Você encontrará, no apêndice desta obra, uma série de exemplos de EAP e poderá obter outros exemplos em guias como o *Project Management Institute Practice Standard for Work Breakdown Structures*, ainda sem tradução para a língua portuguesa (PMI, 2006).

II. *Explicitarás todas as entregas, inclusive as necessárias ao gerenciamento do projeto.*
O escopo do projeto é composto exclusivamente pelos subprodutos expressos na EAP. Se não está na EAP, não faz parte do projeto; portanto, certifique-se de que todos os subprodutos estejam representados. Se durante o desenvolvimento do projeto for identificada alguma atividade que não esteja contribuindo com algum elemento da EAP, deve-se reavaliar a situação e incluí-la na EAP ou deixar de executar a atividade, pois ela não faz parte do escopo do projeto. Para incluí-la, devemos seguir os procedimentos definidos no processo de controle de escopo.

III. *Não usarás os nomes em vão.*
Não devemos utilizar nomes que gerem dúvidas semânticas a respeito da entrega a ser efetuada. Utilize substantivos para representar cada entrega. Indique a entrega e não seu processo de geração. Denomine a entrega "plano de resposta ao risco".

IV. *Guardarás a descrição dos pacotes de trabalho no dicionário da EAP.*
Uma descrição clara e não ambígua dos pacotes de trabalho deverá estar definida no dicionário da EAP, que especifica com detalhes a entrega.

V. *Decomporás até o nível de detalhe (pacote de trabalho) que permita o planejamento e controle necessário para a entrega do subproduto.*
O pacote de trabalho passa a ser referência em termos de planejamento e controle de tempo, custos, riscos, qualidade, aquisições, pessoas, comunicações e do próprio escopo do projeto.

VI. *Não decomporás em demasia, de forma que o custo/tempo de planejamento e controle não traga o benefício correspondente.*
O custo do controle não pode exceder o benefício desse esforço. O nível de detalhamento da EAP deve ser definido em função da necessidade do projeto. A relação de custo/benefício no planejamento e controle da entrega deve ser privilegiada. Em um projeto que dure vários anos, como o de uma Copa do Mundo, não teremos pacotes de trabalho que durem apenas algumas horas.

VII. *Honrarás o pai.*
Cada entrega da EAP deverá ser componente da entrega da qual ela foi decomposta (entrega pai). Devemos verificar se não existem componentes que não tenham relação com a entrega imediatamente superior. Para capacitar o usuário no uso do *home-theater*, precisamos de seu manual, o que não quer dizer que o manual seja uma entrega no pacote de trabalho.

VIII. *Decomporás de forma que a soma das entregas dos elementos componentes (filho) corresponda à entrega do elemento pai (mandamento dos 100%).*
Ao decompor uma entrega, devemos nos certificar de que todas as entregas filhas reunidas representem a totalidade de uma entrega pai. Nenhuma entrega dependente deverá ser esquecida.

IX. *Não decomporás em somente uma entrega.*
Não teremos filho único na EAP, uma vez que ele seria igual ao pai pelo mandamento anterior.

X. *Não repetirás o mesmo elemento como componente de mais de uma entrega.*
Não podemos ter uma entrega que componha mais de uma entrega pai. O fato de utilizarmos o mesmo manual do equipamento para dois treinamentos diferentes não nos habilita a colocá-lo como entrega filha de ambos. Podemos ter entregas com o mesmo nome (por exemplo: documentação) em mais de uma entrega. Entretanto, no dicionário da EAP elas estarão descritas e, consequentemente, serão diferentes.

Uma vez observados esses 10 mandamentos, veremos de que forma a EAP se integra com as demais áreas de conhecimento em gerenciamento de projetos.

Ao gerenciar um projeto, podemos identificar a necessidade de aquisição a ser feita em função da análise de um risco cujo plano de resposta seja, por exemplo, a instalação de um equipamento de proteção, que deveria ser especificado como pacote de trabalho e detalhado no dicionário da EAP. Entretanto, outro pacote de trabalho deveria ser criado para registrar a necessidade de geração de um contrato de aquisição do equipamento. Repare que uma necessidade irá gerar dois pacotes de trabalho em fases diferentes do ciclo de vida. Por exemplo: o risco de chuva em um churrasco gera uma necessidade de termos um toldo instalado na área descoberta da casa. Há, portanto, uma alteração no escopo original, que deverá ser aprovada. A entrega principal é o toldo fisicamente instalado, mas o contrato para a instalação do toldo passa a ser outra entrega (contrato assinado em papel) ou reserva do toldo. Essa entrega irá se desdobrar em atividades (tempo) para selecionar e contratar (aquisições) o toldo de um fornecedor (partes interessadas). Pode ser necessário avisar (comunicações) à equipe do local em que, em determinado dia/horário, a empresa vencedora da concorrência o instalará ou retirará. Uma vez contratado, devemos pagar por ele (custos). Durante sua instalação, devemos alocar alguém (recursos humanos) para estar no local e prender o cachorro (risco) para que não haja um acidente com o instalador. Se a instalação for permanente, poderá ser vital obter autorização do condomínio, o que pode gerar uma necessidade de seguir os padrões de qualidade (cor, tamanho etc.) especificados pelos condôminos. Repare que uma simples alteração no escopo é capaz de gerar impactos em todas as demais áreas de conhecimento, o que requer uma ação contumaz da integração do projeto.

    Não existe uma regra que defina em quantos níveis o gerente de projetos deverá decompor sua EAP. O importante é que o nível adotado seja suficiente para especificar o que será gerado no projeto, de forma que as partes interessadas possam compreender e participar ativamente em suas atribuições. "Não é necessário que a EAP seja simétrica, ou seja, que todos os subprodutos sejam decompostos até o mesmo nível" (Xavier, 2009:52).

Estratégia *bottom-up* (de baixo para cima) *versus* *top-down* (de cima para baixo)

Imagine que você seja convidado para organizar um *show* para gravar um CD/DVD ao vivo de uma nova banda. Como nunca executou um projeto semelhante, você resolve assistir a um *show* em DVD para identificar quais as entregas finais (pacotes de trabalho) e, a partir delas, desenvolver a EAP do projeto. Você escolhe o DVD *One night only*, do Bee Gees, lançado pelos irmãos Gibb em 1997, e começa a identificar algumas entregas.

No *show*, realizado em Los Angeles, os três irmãos apresentam os maiores sucessos de sua carreira desde a década de 1970. Durante a música *Grease*, trilha sonora do filme de mesmo nome, pode-se ver no telão parte do filme com John Travolta e seu par romântico, Olivia Newton-John. Nesse momento, ela aparece na plateia, bem mais velha, ao lado da filha, como convidada especial. O *show* apresenta, também, a participação especial da canadense Celine Dion, cantando o *hit Immortality*. O ritmo e a vibração dos Bee Gees não caem nem quando a música da vez é *Our love (don't throw it all away)* e é apresentado um videoclipe da vida de Andy Gibb em homenagem a esse irmão que faleceu aos 30 anos, em março de 1988. Ao final do *show* aparecem as legendas com os créditos aos produtores. Só nesse trecho você pode perceber quatro entregas que poderiam fazer parte de seu projeto: convidados especiais, participações especiais, videoclipes e créditos aos produtores.

Note que talvez não seja possível realizar a decomposição para uma entrega ou componente cuja produção deve ocorrer em um futuro distante. Desse modo, a equipe usualmente aguarda até que se conheçam mais detalhes do que deve ser feito. Essa técnica é, muitas vezes, chamada de "planejamento em ondas sucessivas" (PMI, 2017a:718).

O processo de estudar o resultado de um produto ou serviço e remontá-lo é conhecido como engenharia reversa. Foi apresentada anteriormente uma estratégia para elaboração de uma EAP utilizando a técnica *top-down* (onde a elaboração da EAP é feita de cima para baixo). Para a engenharia reversa, trabalhamos com a abordagem *bottom-up* (de baixo para cima). O uso da abordagem *bottom-up* consiste em criar uma lista das entregas (*deliverables*) do projeto e depois agrupá-las até chegar ao nível 0 (nível de projeto) da EAP. Com essa abordagem, você pode perder um grande benefício, qual seja, não conseguir uma visão completa do projeto, sendo possível esquecer algum subproduto. Vale a pena, depois, validar a EAP de forma *top-down*.

Se você optar, em determinado projeto, por utilizar a abordagem *bottom-up*, aqui estão os passos para a construção da EAP:

1) liste as entregas (pacotes de trabalho) do projeto;
2) agrupe os pacotes de trabalho relacionados entre si para criar um nível acima que contenha de duas a oito entregas por grupo – o nome do elemento superior, criado em razão do agrupamento, deve sintetizar as entregas dos elementos agrupados;
3) agrupe os elementos do nível mais alto, criado no passo 2, criando um nível acima, se possível também contendo de dois a oito elementos;
4) repita o agrupamento até que você chegue ao nível de projeto;
5) revise a EAP perguntando se está faltando alguma entrega do projeto;
6) confira a EAP utilizando os 10 mandamentos citados.

Caso você tivesse acesso ao relatório de lições aprendidas do responsável pelo projeto do Bee Gees e aos demais documentos do evento, poderia adotar outra estratégia de desenvolvimento do projeto. As abordagens *top-down* e *bottom-up* são as mais discutidas no mercado. Independentemente da abordagem adotada, devemos definir melhor as entregas e os critérios de aceitação.

Dicionário da EAP

"Diga como me medirás que lhe direi o que farei." Essa definição aparece no dicionário da EAP, que é um documento complementar à EAP, que especifica cada pacote de trabalho dela. Ele apresenta uma breve especificação do pacote de trabalho e seu critério de aceitação. Os marcos (pontos de controle) e as atividades que serão acrescentadas durante o gerenciamento do tempo não são pacotes de trabalho; logo, não deveriam ser especificados no dicionário da EAP. Apesar de o PMI (2017a) sugerir que todos os pacotes de trabalho estejam detalhados no dicionário da EAP, entendemos que projetos pequenos podem não ter essa obrigação, desde que seu enquadramento na metodologia de gerenciamento de projetos da empresa indique esse documento como opcional.

Apresentamos no quadro 13 uma parte do dicionário da EAP do trabalho acadêmico que estamos utilizando como exemplo. As entregas sombreadas não serão especificadas, pois não são pacotes de trabalho.

Para quem utiliza uma ferramenta como o MS/Project, podemos ver na figura 12 uma forma simples de implementação do dicionário da EAP, utilizando a aba anotações da caixa de texto <informações sobre a tarefa> disponível nessa ferramenta, que podem ser acessadas ao se clicar duas vezes sobre uma tarefa. O dicionário da EAP também pode ser implementado em um editor de textos ou planilha eletrônica.

Quadro 13
Exemplo de dicionário da EAP

EAP	Pacote de trabalho	Especificação da entrega	Critério de aceitação
1	Trabalho acadêmico		
1.1	Ger. do projeto		
1.1.1	Plano de gerenciamento do projeto		
1.1.1.1	Definição do tema	O tema deverá ser relevante para o MBA que o aluno está cursando	Ser aprovada pelo professor orientador
1.1.1.2	Levantamento bibliográfico	Apresentar entre 10 e 50 referências que deverão ser citadas no desenvolvimento do trabalho	Ser aprovado pelo professor orientador
1.1.1.3	EAP	Deverá considerar como base de referência esta EAP, detalhar os textuais (1.4) e excluir as entregas não obrigatórias que não serão geradas	Conter todas as entregas que deverão ser geradas e estar aprovada pelo professor orientador
1.1.1.4	Cronograma	Apresentar cronograma com marcos de controle e com caminho crítico sinalizado	Ser aprovado pelo professor orientador
1.1.1.5	Orçamento	Orçamento de aquisições do trabalho com reservas gerenciais e contingenciais	Ser aprovado pelo professor orientador
	[...]		
1.2	Estrutura		
1.2.1	Capa	Deverá conter o nome da instituição, nome do autor, título, subtítulo (se houver), número de volumes (se houver mais de um, deverá constar em cada capa a especificação do respectivo volume), local (cidade) da instituição onde deve ser apresentado, ano de depósito (da entrega). Deverá ser usado o modelo de capa do curso do FGV Management disponibilizado ao aluno do MBA	Ser aprovada pelo professor orientador

CRIAR A ESTRUTURA ANALÍTICA DO PROJETO (EAP)

Figura 12
Dicionário da EAP no MS/Project

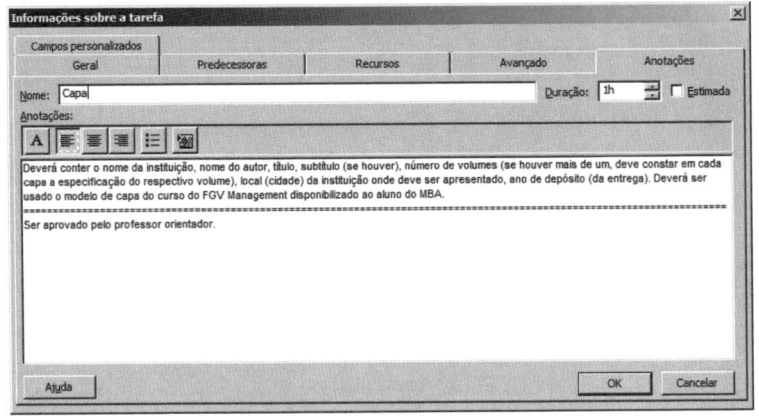

[Screenshot: Informações sobre a tarefa — aba Geral, Nome: Capa, Duração: 1h. Anotações: "Deverá conter o nome da instituição, nome do autor, título, subtítulo (se houver), número de volumes (se houver mais de um, deve constar em cada capa a especificação do respectivo volume), local (cidade) da instituição onde deve ser apresentado, ano de depósito (da entrega). Deverá ser usado o modelo de capa do curso do FGV Management disponibilizado ao aluno do MBA. Ser aprovado pelo professor orientador."]

Segundo Xavier et al. (2014:552):

> É importante ressaltar que os marcos (pontos de controle) e atividades, que são acrescentados ao projeto para o gerenciamento do tempo, não são pacotes de trabalho e, portanto, não devem ser descritos no dicionário da EAP.

* * *

Neste capítulo, apresentamos um instrumento que facilita o entendimento do escopo do projeto. Ele é composto pela estrutura analítica do projeto e seu dicionário. A EAP representa quais entregas serão desenvolvidas pelo projeto e o dicionário da EAP detalha essas entregas, apresentando uma especificação clara e os critérios de aceitação que aumentam a probabilidade de êxito durante a fase de verificação do escopo. O capítulo seguinte irá apresentar as boas práticas relacionadas ao processo de aceitação do escopo por parte do cliente.

6
Validar o escopo

Tendo iniciado a execução do projeto, será importante que as ações de monitoramento e controle garantam que o escopo planejado, e muitas vezes acordado com o cliente, seja cumprido e entregue. Devemos manter uma estreita supervisão sobre tudo o que for elaborado durante o desenvolvimento do projeto. Validação do escopo é a denominação dada à ação de supervisão dos resultados intermediários e finais do projeto e suas entregas. Este capítulo apresentará alguns conceitos e mecanismos importantes para garantir que as entregas do projeto possam ser ajustadas às necessidades do cliente e às capacidades de quem desenvolve o projeto.

Várias dicas práticas compreendem o conteúdo deste capítulo, como a avaliação e aceitação das entregas, a criação de mecanismos de aceite parcial e a elaboração do termo de recebimento, entre outras.

Monitoramento e validação do escopo do projeto

Ações de monitoramento e validação do escopo são aquelas que exigem acompanhamento e certificação das condições e dos resultados obtidos durante a execução do projeto, bem como sua comparação com o que foi anteriormente planejado. O enfoque dado a essas ações é sobre o resultado obtido durante a execução do empreendimento. Nos projetos, esse resultado desejado é representado pela linha de base, a referência, estabelecida após os ajustes durante o esforço de planejamento, cujo conceito apresentamos no primeiro capítulo. As atividades do grupo de processos de controle e monitoramento, nas quais encontramos o desenvolvimento das ações destinadas a validar o escopo, ocorrem concomitantemente às atividades de execução do plano do projeto.

A validação do escopo consiste em ações de inspeção conduzidas para certificar que as entregas que foram previstas sejam cumpridas. Estas ações de inspeção exigem, por vezes, o conhecimento técnico que ateste as entregas e, não raras vezes, empregam técnicas para facilitar a tomada de decisão em grupo: técnicas paramétricas, *what if* (e se), ponderação. Estas técnicas auxiliam aceitar ou não determinada entrega – seja ela parcial ou integral – num projeto.

Tanto as inspeções quanto essas técnicas se reportam ao plano de gerenciamento do projeto e à documentação de requisitos, os quais demonstram o que deve ser atendido com a entrega. Algumas vezes, a matriz de rastreabilidade de requisitos pode ser utilizada com o intuito de nos certificarmos do requisito e da parte interessada demandante. Durante a execução, as entregas devem ser apresentadas para serem validadas pelos especialistas.

Uma vez analisada a entrega realizada, seu resultado consiste na aceitação das entregas – total ou parcial – e, se necessária alguma correção de rumo, devem ser solicitadas mudanças no projeto de modo a atingir a entrega desejada ou ajustada – com especialistas ou com outras partes interessadas.

A documentação do projeto sofre alterações a cada validação do escopo.

É importante ressaltar que a validação das entregas difere da verificação das entregas, que ocorre durante o processo de controle de qualidade. A validação tem foco principal na aceitação das entregas pelo cliente ou patrocinador, quando essas entregas atendem a suas expectativas, enquanto o controle da qualidade tem foco na verificação da precisão das mesmas e no alcance dos requisitos de qualidade especificados para elas. Segundo o PMI (2017a), o controle de qualidade é normalmente feito antes da validação do escopo, mas os dois processos podem ser executados em paralelo.

As atividades de validação, durante o monitoramento e controle do projeto, são de responsabilidade direta de seu gerente. Exercidas por ele mesmo em projetos pequenos ou delegadas a uma equipe em projetos maiores, essas atividades constituem uma de suas principais atribuições. Assim, estabelecer os mecanismos para o monitoramento das atividades, a análise das distorções existentes em relação ao planejado bem como a intervenção para correção por meio da criação de soluções "recuperadoras" são atividades que estarão, em qualquer projeto, sob a estrita responsabilidade de seu gerente e, dependendo do montante envolvido, submetido a um grupo que tenha essa alçada.

As ações de validação ocorrem em qualquer momento, especialmente durante a execução do projeto, quando existe o desenvolvimento de uma ação planejada previamente. A figura 13 demonstra essa afirmação e aponta – na sua área hachurada – uma das maiores e mais intensas interseções do desenvolvimento de um projeto. Essas ações são necessárias para que o escopo do projeto possa ser condizente com o que foi planejado ou permitir os ajustes com as mudanças contextuais necessárias ao empreendimento.

Os processos de controle e monitoramento são importantes ao longo de todo o desenvolvimento do projeto. Já as atividades que permitem validar o escopo, sendo atividades desse grupo, ocorrem com maior frequência durante a execução do projeto, quando resultados podem ser tangibilizados, apresentados às partes interessadas e devidamente validados.

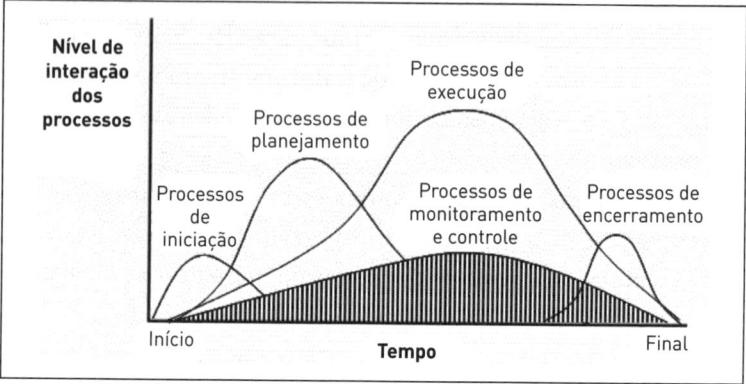

Figura 13
Interseção das atividades de controle e de execução em um projeto

[Gráfico mostrando o nível de interação dos processos ao longo do tempo, com curvas para Processos de iniciação, Processos de planejamento, Processos de execução, Processos de monitoramento e controle, e Processos de encerramento, do Início ao Final.]

Fonte: adaptada de PMI (2017a:555).

Durante a execução, as atividades do projeto são desenvolvidas. Muitos profissionais e empresas se relacionam para que os resultados pretendidos possam ser obtidos. Esses profissionais nem sempre estão imbuídos do mesmo espírito de fazer com que o projeto seja concretizado com sucesso. Isso não ocorre única e exclusivamente por algum traço da personalidade ou falta de motivação das pessoas, mas, sim, pela dificuldade em:

- ter uma visão maior do projeto;
- entender sua participação no todo do projeto;
- saber as consequências de suas ações para o projeto;
- compreender os reais requisitos e necessidades explicitados pelo cliente no início do projeto;
- conseguir trabalhar frente às restrições logísticas e de recursos presentes no entorno do projeto.

Assim, o gerente deve saber criar as condições para que os colaboradores do projeto possam melhor contribuir para que a ação de controle, que permite validar o escopo, seja melhor desenvolvida.

O momento é especialmente importante – execução e controle –, pois existe, nesse período, maior exposição do projeto ao cliente e a outras partes interessadas encarregadas de validar a entrega prevista. Podemos dizer, em outras palavras, que existe um contato maior da equipe do projeto com a equipe do cliente, o que, de certa forma, expõe as partes e pode fragilizar as relações interpessoais e, consequentemente, o projeto. Nesse momento, deve ser privilegiado o envolvimento de importantes partes interessadas, especialmente aquelas que têm voz e voto na aceitação dos resultados que estão sendo expostos.

O fator tempo é algo muito relevante num projeto. A necessidade do cliente é sentida em determinado momento. Dedica-se algum tempo à mobilização até que o projeto seja estruturado, e, quando os resultados – mesmo que parciais – começam a surgir, muitos requisitos podem ter sido modificados. Assim, estabelecer um adequado relacionamento com o cliente é importante para o sucesso. É necessário que, além de ficar satisfeito com o cumprimento do prazo, orçamento e especificações, o cliente fique satisfeito com o que foi e está sendo realizado no projeto.

Momentos da verdade: a voz do cliente no projeto

Todo projeto existe para garantir que uma oportunidade seja aproveitada ou que uma necessidade seja atendida. Tais oportunidades ou necessidades traduzem o ponto focal da relação entre o projeto e seu cliente. Assim, a satisfação do cliente é a base para o sucesso do projeto. É importante que tenhamos em mente que, em um mundo onde as informações fluem com enorme rapidez, o trabalho correto e bem praticado gera uma boa reputação, o que é fundamental para que relacionamentos se perpetuem.

As relações no mercado demonstram que desenvolver um cliente demanda tempo e recursos; recuperar um cliente perdido exige muito mais. Inúmeras pesquisas mencionam o impacto que um cliente insatisfeito traz para qualquer organização, o que pode gerar custos indiretos que são, às vezes, de difícil reposição para uma organização. Um cliente insatisfeito divulga muito mais ampla e rapidamente sua experiência do que o fazem os clientes satisfeitos, o que, é claro, contamina a percepção dos potenciais clientes.

Quando falamos em garantir a validação do escopo, estamos garantindo que nosso cliente aceite o que foi gerado e produzido no projeto e nos demonstre sua aceitação por meio de uma documentação que registre e expresse sua satisfação.

A aceitação dos resultados pelo cliente ocorre em momentos que denominamos "momentos da verdade", caracterizados por um relacionamento direto entre o projeto (em geral representado por seu gerente) e um representante do cliente. Os momentos da verdade em um projeto devem ser previamente planejados para que ambos possam programar seus recursos tanto para entregar os resultados quanto para inspecioná-los adequadamente. A figura 14 apresenta um dos mecanismos que podem facilitar a aceitação dos resultados do projeto pelo cliente.

Figura 14
Criação de mecanismos de aceite parcial do projeto

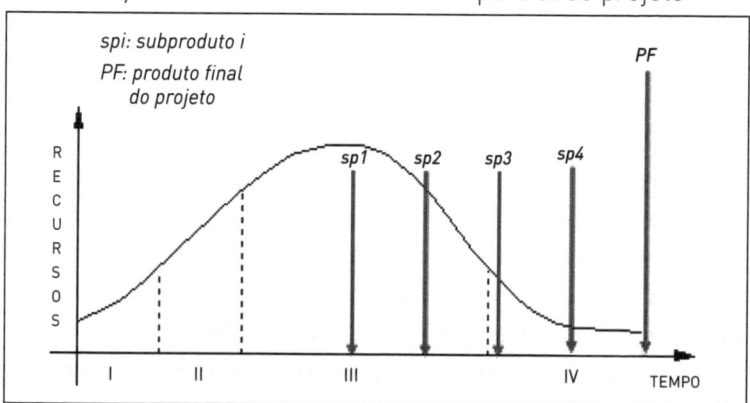

É mencionada na figura 14 a criação de diversos subprodutos do projeto, os quais constituem entregas que podem ser validadas pelo cliente por meio de suas quantidades, de suas funcionalidades e de sua integração com a solução final. Essas entregas constituem o ponto focal nesses "momentos da verdade". Estes traduzem o resultado que não pode nem deve ser mascarado pelo gerente do projeto e não deve ser menosprezado ou negligenciado pelo representante do cliente.

Logo, as entregas devem estar alinhadas com uma visão que vá ao encontro da satisfação do cliente. Tal satisfação é o resultado do desempenho do item que está sendo entregue, o que fará com que, como gerentes de projeto, devamos nos focar na superação de expectativas.

Diversas situações dependem da percepção que o cliente tem do resultado apresentado. Profissionais que atuam no gerenciamento do conhecimento denominam essa percepção "ressonância cognitiva", que traduz a compreensão do cliente sobre o que ele está recebendo. Outros profissionais da qualidade (Parasuraman, Zeithaml e Berry, 1985) procuram definir a satisfação por meio de uma relação matemática. Assim:

$$\text{Índice de satisfação} = \frac{\text{desempenho percebido (DP)}}{\text{desempenho esperado (DE)}}$$

Portanto, se essa razão for menor do que 1, será um sinal de que o cliente está saindo insatisfeito com determinada entrega do projeto. Se o cliente tinha como perspectiva receber um subproduto que pudesse ser testado em 10 frentes de teste-piloto e, por qualquer razão, obteve apenas a metade dos itens, é um potencial cliente com índice de satisfação menor do que 1, ou seja, insatisfeito.

Se a razão DP/DE for maior do que 1 – o que deve ser nossa perspectiva como gestores de projeto –, o cliente estará satisfeito. Um cliente que aguarda um resultado que tenha um tempo de resposta no tratamento de determinado volume de informações de cinco dias e recebe um produto que lhe possibilitará obter a informação em três dias é um potencial candidato a ter seu índice de satisfação maior do que 1.

Atingir essa satisfação, embora seja nosso objetivo durante o desenvolvimento do projeto, encontra outras barreiras. Somos responsáveis por apresentar lucratividade no projeto, o que pode ser contraditório à superação das expectativas do cliente. Assim, como gerentes de projeto, devemos ser judiciosos nessa superação e saber que um IS igual a 1,1 pode representar melhores resultados para o projeto do que um IS igual a 1,5. O gerente de projeto deve estar atento a essas tentativas de "superar expectativas" a qualquer custo, o que denominamos anteriormente *goldplating*. Essas práticas podem ser danosas para as finanças dos projetos.

O mais interessante é notar que nem sempre o cliente se sentirá satisfeito ou insatisfeito por meio de fatores objetivos e quantitativamente mensuráveis. As percepções e expectativas são, muitas vezes, subjetivas. Isso nos leva a trabalhar, durante a validação do escopo, com variáveis menos tangíveis, psicológicas, não necessariamente explicitadas pelo cliente. Essas variáveis fazem parte de um instrumento invisível que denominamos "contrato psicológico" (Menezes, 2003). Ele representa o equilíbrio que deve existir entre o que o cliente gostaria de receber e aquilo que ele de fato recebe do projeto. Compreender melhor esse equilíbrio permite que os resultados do projeto sejam mais facilmente aceitos pelo cliente e que o índice de satisfação previsto seja mais facilmente atingido.

Tal contrato psicológico recebe esse nome porque não está registrado em lugar algum: nem ata, nem memorando, nem diário de bordo, nem *e-mail*. Ele vai sofrendo transformações à medida que o cliente evolui na percepção de sua necessidade. Essa percepção evolui com o tempo em função de inúmeros fatores, como:

- o mercado consumidor, que passa a exigir produtos com outros atributos ou funcionalidades;

- mudanças nos volumes e demandas do mercado consumidor;
- legislações, que sofrem alterações;
- tributos, que passam a onerar ou beneficiar certas soluções;
- pressões sociais – internas ou externas – ao cliente, que exigem um atendimento em prazo abreviado ou com menores custos ou preços;
- fatores econômicos, como taxas de juros, câmbio, linhas de crédito, sanções, que obrigam o cliente a se posicionar diferentemente frente aos projetos contratados;
- mudanças tecnológicas no produto do projeto ou que sejam demandadas.

Os gerentes devem estar atentos às evoluções e mudanças no contexto do projeto. Saber flexibilizar o escopo do projeto, documentar eventuais necessidades de mudança e iniciar negociações prévias são ações importantes para fazer frente a essas mudanças de percepção que tanto prejudicam os momentos da verdade e o aceite das entregas do projeto pelo cliente.

Devem ainda os gerentes saber identificar os componentes nesse contrato psicológico, o que exigirá outras habilidades. O cliente é uma parte interessada importantíssima em qualquer empreendimento. O relacionamento entre o cliente e o projeto também é um fator importante para o equilíbrio desse contrato psicológico. Assim, saber ouvir, procurar entender e compreender as pressões que o cliente sofre é uma obrigação do gerente.

A definição das entregas no projeto

A clareza na definição dos elementos que serão empregados nos momentos da verdade para melhor atender ao contrato formal e ao contrato psicológico, desenvolvido pelo cliente, é fundamental para o sucesso nas entregas parciais do projeto.

O gerente deve, portanto, estabelecer um adequado relacionamento com o cliente e esse relacionamento deve respeitar algumas regras importantes, como:

- as entregas estabelecidas no plano do projeto e no contrato;
- a documentação para solicitação e aprovação das mudanças no projeto;
- os mecanismos de comunicação, como reuniões, atas e *e-mails*, como previsto no plano de gerenciamento das comunicações.

Um dos mecanismos para que isso possa ser mais bem conduzido está no estabelecimento, ainda na fase de planejamento, das entregas do projeto. Elas devem ser claramente definidas para que sua aferição possa ser feita de maneira indubitável. Uma forma prática para a identificação das entregas é por meio da EAP, que é orientada a resultados, conforme apresentamos no capítulo 4. Assim, os pacotes de trabalho devem permitir ao gerente do projeto identificar com clareza uma entrega. A figura 15 ilustra uma EAP que permite ao gerente identificar entregas úteis ao cliente.

Figura 15
A EAP e seus pacotes de trabalho que permitem a identificação de entregas para o projeto

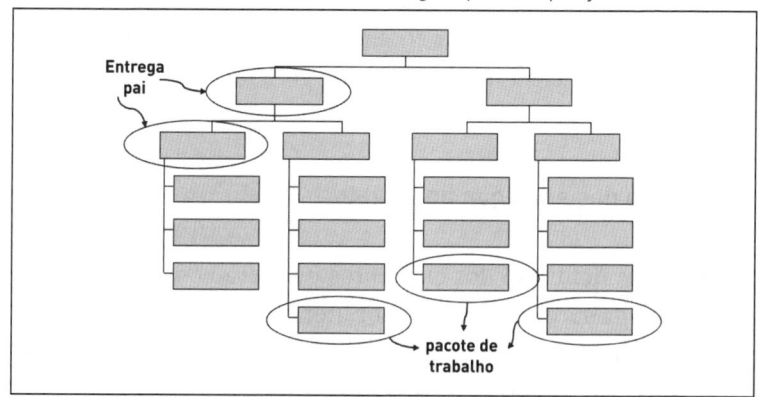

Algumas entregas, embora possam ser identificadas nos níveis superiores da EAP, devem ser identificadas nos pacotes de trabalho para que possam ser melhor administradas pelo gerente do projeto e para que possam ter elementos de controle bem especificados, como datas de início e término; pessoas, equipamentos, materiais e instalações envolvidos na sua execução; atributos de qualidade da entrega e produto ou serviço resultante (pacote de trabalho).

As entregas são ajustadas durante o planejamento do projeto até que tenhamos identificado suas linhas de base.

Assim, tão logo tenhamos estabelecido as principais linhas de base do projeto – de prazo, de custos e de escopo –, devemos identificar as entregas. Algumas vezes, elas estarão associadas a eventos de pagamento, especialmente se o cliente não apresentar dificuldades para honrar seus compromissos. Outras vezes, estarão dissociadas de eventos de pagamento e servirão apenas como instrumentos para avaliação do progresso, aprovação do trabalho e sua aceitação.

As entregas devem ser elementos bastante concretos e facilmente identificáveis. Exemplo disso é a entrega de um produto, de um manual, ou de um serviço que possa ser operado, mesmo que em escala reduzida ou de testes. Não devem ser, jamais, elementos sujeitos a interpretações. Devemos evitar que as entregas correspondam a uma averiguação de percentual de progresso de determinada frente de trabalho ou determinado percentual de um aporte de capital necessário. Definições vagas como "desempenho adequado", "que melhore o desempenho", "melhor do que" são causadoras de inúmeras discussões entre gestores de projeto e seus clientes. As definições devem ser clarificadas, ajustadas e bem especificadas ainda no planejamento.

Um mecanismo que costuma ser de grande auxílio nessa definição é a agregação de vários subprodutos por término de fases do projeto. Vários resultados – produtos, relatórios, testes, estruturas, manuais, treinamentos – são comprovados e devem ser aceitos pelo cliente como término de determinada fase.

Como garantir as entregas no projeto

Este é um dos grandes desafios para qualquer gerente de projeto: garantir que o cliente irá avaliar e aceitar os resultados parciais e final do empreendimento.

Os produtos, para serem avaliados e aceitos ao longo do desenvolvimento do projeto, devem ser acordados pelas duas partes. O gerente deve, nesse particular, contar com um forte apoio de sua equipe técnica que, normalmente, reúne as informações que representam as melhores condições de identificação das entregas. Assim, um documento que reporte essas entregas e que figure não só na documentação do projeto, mas também no contrato firmado entre as partes, deve ser elaborado.

O gerente do projeto deve valorizar as informações que possui, tais como:

- as datas de início e término das atividades relacionadas a cada entrega, que podem sinalizar o momento em que devemos estar mais próximos aos nossos clientes;
- a distribuição dos gastos do projeto e seu fluxo de caixa, que podem indicar momentos de eventual fragilidade do cliente, do órgão financiador ou mesmo do nosso projeto;
- a EAP, que apresenta um conjunto de entregas que devem ser geradas no projeto;
- o plano de gerenciamento das comunicações, que deve ser claro ao pontuar as responsabilidades, as mídias e os momentos em que a comunicação deve ser estabelecida com o cliente;

- o registro de riscos, que suscita as principais ocorrências esperadas que podem gerar pressões, seja para o gerente do projeto, seja para o cliente.

Durante a execução, cada vez que tivermos a oportunidade de apresentar uma das entregas ao cliente, estaremos objetivando sua aceitação. Assim, como gerentes do projeto, devemos preparar adequadamente as condições para que o cliente possa fazer o aceite da maneira menos traumática possível. Por isso, esse processo exige um acompanhamento permanente do gerente. Em linguajar coloquial, poderíamos dizer que o gestor deve sempre "estar de olho no peixe que está sendo frito e observando o gato que circula pelo local".

Cada momento de entrega traduz o que já denominamos momento da verdade. Frente a frente, representante do projeto e representante do cliente devem referendar o que está pronto e sendo entregue.

Para esses momentos é importante entender:

- as pressões que o cliente pode estar recebendo;
- suas solicitações anteriores que se referem à entrega;
- as limitações de prazo, orçamento e especificações;
- eventuais antecipações exigidas; mudanças em especificações.

Um dos elementos dessa preparação é a documentação do processo de aceite, mesmo que intermediário, por meio do termo de recebimento parcial (ou aceite parcial). Uma vez que a entrega será feita ao cliente, é importante que o gerente do projeto tome todas as providências necessárias para que ela seja feita corretamente.

Antes de qualquer entrega, o gerente deve se certificar de que ela está completa e respeita as especificações ajustadas. Isso pode ser feito com o gerente do projeto e os especialistas envolvidos na geração do resultado ou com sua chefia funcional imediata. Um procedimento saudável, em todo e qualquer projeto, é o de verificar *in loco* esses resultados. É importante que o gerente do projeto se certifique das características da entrega, eventuais ameaças e pontos fortes que o resultado tenha em suas características técnicas e/ou funcionais.

Uma vez que o gerente do projeto tenha verificado que o resultado pode ser entregue, ele deve se preparar e agendar a reunião formal para o encaminhamento dos resultados ao cliente.

Algumas vezes, dada a complexidade da entrega, convém informar o cliente com antecedência para que possa disponibilizar alguns de seus especialistas para observarem os resultados que estarão sendo disponibilizados.

Além do produto e da documentação técnica, o gerente do projeto deve providenciar um termo de recebimento para que, em conjunto com o cliente, ele possa assinar e atestar a aprovação do que está sendo entregue. Essas formalidades ajudarão a garantir que as entregas do projeto estejam prontas para ser apresentadas ao cliente e que sejam aceitas por ele.

O documento de entrega mencionado pode ser bastante simples, como mostra a figura 16.

A elaboração desse documento deve considerar as particularidades de cada projeto. Em alguns casos, é importante permitir que o cliente tenha um contato com as soluções e resultados que serão entregues formalmente com o termo de recebimento. Isso faz com que, em alguns projetos, representantes do cliente tenham acesso prévio aos resultados e possam validar suas especificações técnicas, suas funcionalidades, seu empacotamento ou outras características importantes.

Esse mesmo termo de recebimento pode ser redigido para a entrega definitiva do projeto, denotando a transferência de responsabilidades do gerente do projeto para o responsável pela operação do produto ou resultado.

Figura 16
Modelo de termo de recebimento para a
identificação de entregas para o projeto

Termo de recebimento

Atestamos que recebemos os produtos a seguir discriminados e que estamos cientes de seu conteúdo e de acordo com a sua entrega.

Item	Doc	Descrição	Comentários

Desta forma firmamos, em conjunto, este termo de recebimento.

Local, data

_____   _____
Gerente do projeto   Representante do cliente

É recomendável que qualquer transferência de produtos, serviços ou resultados seja precedida de alguns cuidados. Suponha que tenhamos tido seis entregas parciais que antecederam a entrega definitiva do projeto. Além de as entregas serem elaboradas de modo progressivo – para que o cliente tenha a oportunidade de reconhecer a agregação de valor dos resultados parciais do projeto à sua organização –, recomenda-se que as seis entregas parciais contenham a maior parte do conteúdo do projeto. Outra recomendação importante refere-se ao aprazamento das entregas. Todas elas devem estar em consonância com sua elaboração técnica disposta ao término de fases ou em períodos claramente definidos. Cada entrega e seus respectivos termos de recebimento podem ter um período limite para retorno com a assinatura do cliente. Expirado o prazo, o aceite deve ser considerado positivo automaticamente. Uma recomendação prática é que a última entrega parcial esteja muito próxima da entrega definitiva. O que deve separar uma da outra é apenas a documentação integrada do objeto do projeto. A última entrega parcial deve conter senão todos, quase todos os elementos que exijam alguma análise de valor da parte do cliente. Devemos deixar o mínimo de elementos para serem elaborados entre a última entrega parcial e a entrega definitiva. Isso permite que o representante do cliente assine com maior facilidade o termo de recebimento definitivo do projeto, sem muitas objeções ou observações.

No momento da entrega definitiva, a assinatura do termo de recebimento funciona, para o cliente, como uma liberação da equipe do projeto. A sensação que muitos clientes possuem é a de perda de apoio, como se houvesse o corte de um cordão umbilical, uma interrupção do fornecimento. Isso se transforma na razão pela qual muitos clientes procuram reter e não assinar o termo de recebimento. Com tal atitude, o representante do cliente manterá o gerente e alguns membros da equipe do projeto sob sua influência até que se sinta confortável na utilização dos resultados entregues.

Outro fator, além da indisponibilidade do corpo técnico da equipe, é o aspecto financeiro. Geralmente, está associado à assinatura do termo de recebimento definitivo o último pagamento. Assim, muitos clientes postergam a assinatura com o intuito de postergar o pagamento da entrega do projeto.

A não assinatura do termo de recebimento definitivo tem, sobre o gerente do projeto, um forte efeito moral que pode ser estendido ao restante da equipe.

Logo, a última entrega é um evento para o qual o gerente do projeto deve dedicar especial atenção. Preparar condições, verificar as principais partes interessadas e criar os mecanismos e o ambiente necessários para tudo funcionar bem é de vital importância.

Se o gerente souber zelar pelas entregas – especialmente a última –, terá vencido um dos grandes desafios no gerenciamento de projetos: o de permitir que o cliente se sinta satisfeito com os resultados que ele recebe ao longo do desenvolvimento do trabalho.

* * *

Este capítulo trouxe à tona um dos mecanismos importantes para a validação do escopo e para a garantia de recebimento do projeto pelo cliente. Essas atividades estão intimamente relacionadas com o controle do escopo, que cuidará do monitoramento e das eventuais mudanças de escopo que o projeto venha a sofrer, assunto a ser trabalhado no próximo capítulo.

7
Controlar o escopo

Este capítulo discorre sobre os mecanismos do grupo de processos de controle de um projeto que podemos empregar para o gerenciamento das mudanças de seu escopo, seja do projeto ou do produto. Entender o que é o controle e como ele é aplicado ao escopo é fundamental para que possamos acompanhar e atingir as referências do escopo do projeto.

O processo controlar o escopo complementa o desempenho do controle integrado de mudanças, responsável por encaminhar e integrar todas as mudanças que afetam o desenvolvimento do projeto, bem como permite que a linha de base do escopo seja atendida durante todo o empreendimento.

O gerenciamento do escopo do projeto compreende, portanto, o controle do escopo. Na verdade, aqui temos um quesito político que envolve muita habilidade no trato e negociação, pois sua maior orientação é fazer com que as mudanças propostas ou necessárias ajudem o empreendimento. Sua atuação se dá sobre os fatores de mudanças dentro do projeto e deve influenciá-las para que trabalhem em prol do empreendimento, garantindo que as eventuais mudanças sejam benéficas a ele.

A expansão descontrolada do escopo do produto ou do projeto, por meio da adição de recursos e funcionalidade sem consideração dos efeitos sobre tempo, custos e recursos é chamada de *scope creep* (distorção do escopo). Em geral, ocorre devido a mudanças não controladas, à medida que o cliente vai entendendo suas necessidades e reformulando seus objetivos.

O controle do escopo nos apresenta um conjunto de entradas processadas por meio da aplicação de algumas técnicas e ferramentas, gerando resultados no controle das mudanças de escopo. São diversas as entradas, técnicas, ferramentas e saídas do processo controlar o escopo (PMI, 2017a).

Entradas no processo

Essas entradas compreendem informações e documentos que devem alimentar o processo de controlar o escopo do projeto. Como toda atividade de controle, essa não é diferente, necessitando de informações que se refiram ao planejado e de informações que demonstrem o que foi realizado no projeto. As principais entradas nesse processo de controle são (PMI, 2017a):

- plano de gerenciamento do projeto, contendo a linha de base do escopo, a linha de base da medição do desempenho, o plano de gerenciamento do escopo, das mudanças, da configuração e dos requisitos, comportando-se como a linha mestra a ser seguida no projeto, também para o escopo;
- registro das lições aprendidas;
- documentação dos requisitos que atendam às necessidades dos clientes;
- matriz de rastreabilidade dos requisitos, que auxilia a detectar o impacto de quaisquer mudanças ou desvios da linha de base em relação aos objetivos do projeto;
- dados sobre o desempenho no trabalho, os quais podem incluir o número de solicitações de mudança recebidas, o

número de requisições aceitas ou o número de entregas completadas;
- ativos de processos organizacionais que portem informações de projetos anteriores ou que documentem o desenvolvimento do projeto em questão.

A especificação do escopo do projeto, instrumento do planejamento já mencionado no capítulo 4, deve trazer com clareza o que é desejado como escopo do projeto:

- principais produtos ou entregas;
- suas características e definições que permitam avaliar os grandes produtos do projeto;
- características a serem avaliadas nas entregas.

A estrutura analítica do projeto e seu dicionário, instrumentos que já foram apresentados e detalhados no capítulo 5, complementam a especificação do escopo do projeto, traduzindo todos os seus componentes em elementos menores, que podem ser administrados pelo gerente. O dicionário da EAP traz detalhes importantes sobre cada pacote de trabalho e pode ser empregado como referência durante o controle das mudanças do escopo no projeto. Essas duas entradas portam as referências estabelecidas durante o planejamento.

Em contrapartida a esses instrumentos do planejamento, existem relatórios de acompanhamento que portam as informações sobre os resultados que estão sendo obtidos durante o desenvolvimento do trabalho. Eles devem representar, sempre que forem emitidos, uma fotografia da situação real experimentada no projeto. A identificação de *gaps*, de diferenças entre o previsto e o realizado, é analisada nesses relatórios, e medidas corretivas são sugeridas para permitir que os valores pretendidos inicialmente sejam encontrados. Essas mudanças virão por meio dos pedidos de mudança feitos de maneira formalizada. Formulários como o de solicitação de mudanças, apresentado na figura 18, mais adiante neste capítulo, são regularmente empregados em empresas que possuem uma metodologia mínima para o gerenciamento de projetos.

O plano de gerenciamento do escopo, contido no plano de gerenciamento do projeto, também um instrumento obtido no planejamento, apresenta os produtos do projeto, como e quando gerenciar sua obtenção e apresentação ao cliente. Ele representa e explicita todas as referências de escopo obtidas pelo detalhamento da estrutura analítica do projeto e quais devem ser empregadas no controle das entregas do escopo.

As solicitações de mudança de escopo devem ser formalizadas como parte do sistema de controle de mudanças do escopo do projeto, que será apresentado neste capítulo. Ele é iniciado com uma solicitação formal, depois com a análise dos seus possíveis impactos e, por último, deve receber a aprovação dos órgãos e/ou profissionais competentes e o aceite das mudanças por parte do cliente. Essa solicitação, aprovada e aceita, autorizará a implementação das mudanças no projeto.

Podemos empregar dados do desempenho do trabalho, como o número de solicitações de mudanças recebidas, o número de solicitações aceitas ou o número de entregas que foram completadas como um insumo importante para que o controle das mudanças de escopo possa ocorrer.

Entre os ativos de processos organizacionais que podem influenciar o controle do escopo temos políticas, procedimentos e diretrizes existentes, formais ou informais, relacionadas ao controle do escopo, métodos de monitoramento e reporte, bem como documentos e fluxos a serem utilizados (PMI, 2017a).

O ciclo de controle do escopo

Existem várias técnicas e ferramentas que podem ser empregadas no controle das mudanças de escopo de um projeto. Destacamos: sistema de controle de mudanças do escopo, análise da variação e análise de tendências.

Antes de explicitarmos esses mecanismos, salientamos que a função de controle é iniciada na concepção do projeto, antes mesmo de as atividades do projeto serem executadas. Toda atividade de controle passa por um ciclo de controle, como nos apresenta a figura 17.

Figura 17
Ciclo de controle em um projeto

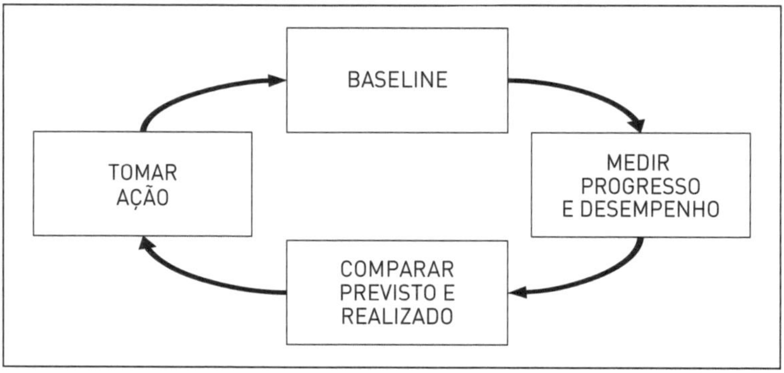

```
        ┌──────────┐
    ┌──→│ BASELINE │──┐
    │   └──────────┘  ↓
┌───────┐         ┌──────────────┐
│ TOMAR │         │    MEDIR     │
│ AÇÃO  │         │  PROGRESSO   │
└───────┘         │ E DESEMPENHO │
    ↑             └──────────────┘
    │   ┌──────────┐  ↓
    └───│ COMPARAR │←─┘
        │ PREVISTO E│
        │ REALIZADO │
        └──────────┘
```

O controle de escopo exige alguns cuidados especiais. A definição de marcos por meio de resultados das entregas do projeto auxilia a pontuar o controle do escopo do projeto. Esses marcos podem estar dispersos pelo tempo, mas nem sempre são igualmente distantes. A frequência de controle do projeto nem sempre consegue cobrir as gerações de produtos e/ou serviços em escopo. Vale lembrar que os marcos não aparecem na EAP.

Ao observarmos o ciclo apresentado na figura 17, vemos que a principal entrada é uma adequada linha de base, uma adequada referência, que indique tudo o que é desejado no projeto. Respeitando essa linha de base, podemos garantir que os resultados desejados no projeto serão obtidos. O passo seguinte, nesse ciclo, está na mensuração do progresso físico e financeiro e na avaliação do desempenho global do projeto. Essa mensuração exige o emprego de inspeção e de todo um conjunto de ferramentas e técnicas específicas para capturar e transportar as informações do que foi realizado no projeto.

Realizar uma análise das tendências ao longo do tempo permite determinar se o desempenho do projeto está melhorando ou piorando.

Já a análise de variação, a comparação entre o previsto e o realizado, consiste em ações de análise que exigem conhecimento técnico no entendimento da situação e na avaliação das diferenças encontradas. Assim, essa ação não é de responsabilidade única do gestor do projeto, mas deve contar com o trabalho dedicado dos especialistas. A análise dessas diferenças permitirá que alternativas de solução sejam geradas e que sejam tomadas decisões que, quando implementadas, levarão o projeto ao seu curso normal, previsto originalmente. O passo subsequente no ciclo de controle é executar a mudança, tomar ação e fazer com que as ações de retorno sejam implementadas.

Mudanças de escopo

Trabalhar com controle do escopo implica trabalhar a consonância planejado com o realizado, bem como lidar com o controle das mudanças de escopo que podem surgir em função de distorções ligadas à linha de base do escopo estabelecido.

Quando falamos das mudanças, sua origem se reporta a vários tipos de ocorrências:

- a falta de questionamento sobre uma solicitação inicial do cliente pode gerar uma má definição do projeto;
- uma definição pobre, insuficiente, sobre as necessidades do cliente e os requisitos – funcionais e técnicos – do projeto;
- pouca ou nenhuma comunicação com o cliente e seus usuários ao longo do desenvolvimento do projeto;
- mudanças na percepção do cliente sobre sua real necessidade;
- mudanças na visão dos especialistas sobre o que pode ou o que deve ser oferecido ao cliente;
- mudanças nas condições políticas, econômicas, sociais, técnicas e mercadológicas que cercam e influenciam o projeto;
- mudanças sugeridas pelo gerente do projeto para fazer frente às mudanças nas restrições impostas;
- mudanças propostas pelo gerente do projeto em função da não confirmação de premissas assumidas no início dos trabalhos (recursos, produtividade, curva de aprendizagem etc.);
- ajustes propostos pelo patrocinador do projeto, oriundos de alguma mudança na forma de relacionamento comercial com o cliente;
- troca de representante – técnico ou comercial – do cliente;
- evolução tecnológica que exija a aplicação de novos recursos;
- caprichos pessoais, do cliente ou mesmo dos especialistas ou do gerente do projeto.

Fazer um controle das mudanças de escopo deve significar, para a organização do projeto, um atributo de autoproteção e de preservação da imagem de seus elaboradores.

O escopo é, sem sombra de dúvida, um dos elementos mais suscetíveis a mudanças ao longo do desenvolvimento de um projeto, refletindo o entendimento de todas as partes interessadas a respeito das necessidades a serem atendidas. Resulta daí a importância da documentação e da rastreabilidade dos requisitos do projeto.

Assim, gerir as mudanças de escopo envolve a criação de mecanismos que sirvam como filtro ou até mesmo como obstáculos às tentativas de mudança no escopo do projeto. É atribuição do gerente evitar ou minimizar as mudanças de escopo que tantos impactos desagradáveis trazem ao projeto, principalmente no que se refere à qualidade, aos recursos, prazos, riscos, custos e orçamentos.

Esse papel dependerá, entretanto, do tipo de contrato que estiver sendo aplicado ao projeto. Pensando em limites, se o contrato for por preço fixo (seja global ou *turn-key*), qualquer mudança no escopo do projeto pode impactar (diminuindo) a margem de lucro. Nesse tipo de contrato, portanto, o fornecedor (gerente do projeto contratado) tende a minimizar as mudanças de escopo para evitar esse efeito ou a necessidade de um número maior de pleitos reivindicando aditivos monetários.

Em outro extremo, se o contrato for "por administração" (ou custos reembolsáveis), a posição do fornecedor se altera, pois quanto maior for o número de horas, de pessoas ou equipamentos, ou a quantidade de material alocado ao projeto, maior será o ganho da empresa que está no desenvolvimento do projeto (fornecedor). Assim, sempre que mudanças de escopo forem solicitadas, serão bem-vindas.

Gerir as mudanças de escopo é, portanto, uma atividade sensível à natureza do projeto, ao tipo de contrato estabelecido com o cliente e ao relacionamento e confiança existentes entre as partes interessadas.

O gerente deve ter em mente a necessidade de criar mecanismos que funcionem ao longo do ciclo de vida do projeto para registro das solicitações de mudança, análises necessárias dessas solicitações, garantir o fluxo de informações relativo às mudanças e suportar o processo de tomada de decisões sobre elas.

Todos esses mecanismos, embora sejam vistos por muitos como burocracia do projeto, servem para dar garantias importantes, tanto ao cliente quanto ao responsável pelo desenvolvimento do projeto.

CONTROLAR O ESCOPO

Tais garantias referem-se:

- à origem da solicitação;
- à necessidade de condução da mudança;
- ao registro dos fatos geradores;
- à definição dos envolvidos em sua análise;
- à memória de cálculo empregada para avaliar o custo/benefício, o retorno das mudanças, os recursos envolvidos, o prazo necessário, as consequências sobre a qualidade e os riscos agregados ao projeto;
- à acumulação e registro de informações sobre a mudança;
- à distribuição dessas informações a todos os intervenientes necessários;
- à tomada de decisão – se favorável ou não ou se sujeita a observações;
- à coleta das assinaturas dos responsáveis (técnico, financeiro, legal, gerencial) dentro de suas respectivas alçadas.

O registro de solicitação de mudança deve envolver informações como:

- data;
- local, atividade ou fase do projeto de ocorrência da mudança;
- estado de origem (antes da mudança) e estado de destino (depois da mudança implementada);
- grau de importância da mudança;
- solicitante.

Existem vários formatos para esse documento em um projeto. A figura 18 nos mostra um exemplo de formulário para solicitação de mudanças.

Levantamentos sobre a situação e o fato gerador devem ser conduzidos para definir:

- ações necessárias para efetivar as mudanças;
- recursos que devem ser aportados – humanos, materiais, financeiros;
- aprazamento para as mudanças;
- impacto das mudanças sobre o prazo do projeto;
- outros impactos possíveis: qualidade, riscos, confiabilidade e funcionalidade da solução;
- benefícios a serem obtidos com as mudanças.

As informações devem, então, ser analisadas para servir como subsídio à tomada de decisão, que pode ser gerencial, estratégica ou mesmo uma regra do negócio.

Um fluxo de informações deve ser desenhado de forma que permita envolver as partes interessadas necessárias tanto no levantamento quanto nos processos de análise e de tomada de decisão. Esse fluxo deve ser o mais simples, porém completo, garantindo integridade à análise da solicitação da mudança.

Um exemplo de fluxo bastante simples pode ser visto na figura 19.

Por vezes, a análise das solicitações de mudança transcende a responsabilidade ou capacidade do gerente do projeto ou dos líderes técnicos. Nesse caso, podemos constituir no projeto o que denominamos "comitê de controle de mudanças", que deve ter a responsabilidade de julgar a pertinência da mudança e de sua solicitação. Esse comitê deve ser formado por partes interessadas que tenham a competência técnica e hierárquica para decidir pela aceitação ou pela rejeição de mudanças. Grandes projetos chegam a ter diversos comitês em função das especialidades envolvidas.

A tomada de decisão sobre a mudança deve ser seguida pela distribuição da informação a todos os intervenientes nela envolvidos.

CONTROLAR O ESCOPO

Figura 18
Exemplo de formulário para solicitação de mudanças no projeto

Solicitação de mudança em projeto		
Nome do projeto:	**Submetido por:**	**Mudança do número:**
Requisitado por:	**Nome da atividade:**	**Data da solicitação:**

Impacto	Alto	Médio	Baixo
			X

Descrição da mudança

Para compras de ativos básicos (ex.: materiais de informática, materiais de escritório) será contratada uma empresa de e-procurement que deverá assumir as atribuições de compra/contratação dos serviços. Assim, a atividade de aquisição deixa de ser atribuição exclusiva do coordenador de compras e passa a ser também da empresa de e-procurement contratada

Motivação da mudança

O coordenador de compras está alegando sobrecarga de trabalho para poder aceitar determinadas atribuições e responsabilidades no projeto

Descrição do impacto

Escopo do projeto:	*Não aplicável*
Orçamento:	*Impacto mínimo: ganhos e comissões da empresa de e-procurement deverão ser em função da margem sobre a contratação e compra efetuada*
Cronograma:	*Não aplicável*
Plano de qualidade:	*Aprovação do coordenador de compras das propostas (técnica/comercial) emitidas pela empresa de e-procurement*
	Aprovações dos itens fornecidos em função das especificações técnicas e orçamentárias

Recursos adicionais:		**Prazo adicional:**		**Verba adicional:**	

Assinaturas e aprovações

Assinatura do cliente: **Assinatura do gerente de projeto:**

Data: **Data:**

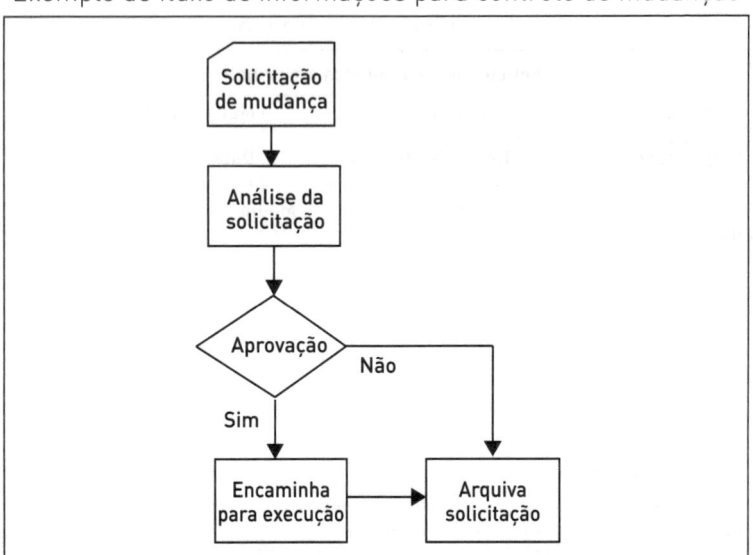

Figura 19
Exemplo de fluxo de informações para controle de mudanças

```
         Solicitação
         de mudança
              │
              ▼
          Análise da
          solicitação
              │
              ▼
          Aprovação ──── Não ────┐
              │                   │
             Sim                  │
              ▼                   ▼
          Encaminha          Arquiva
         para execução  ──▶  solicitação
```

No âmbito do gerenciamento do projeto, planos interinos são desenvolvidos para acomodar as mudanças de escopo no projeto e permitir um retorno às linhas de base estabelecidas.

Autorizações e aprovisionamentos devem ser feitos, mobilizações de recursos e ação executiva devem ser conduzidas até que a mudança de escopo seja processada e produza os efeitos desejados.

Um procedimento importante é a averiguação dos resultados atingidos. Nem sempre os resultados desejados são os obtidos e, aí, outras ações corretivas devem ser avaliadas e implementadas no projeto.

O gerente é, em primeira instância, o grande responsável pela entrega e pelo monitoramento dos elementos de escopo do projeto. Como o controle do escopo por vezes exige um conhecimento técnico específico, o gerente pode suportar sua tomada de decisão em auditorias técnicas realizadas por especialistas na área.

Um escritório de projetos pode também auxiliar o gerente no fornecimento:

- de suporte à definição dos elementos de controle do escopo;
- da documentação necessária e vital para o controle do escopo;
- de apoio às intervenções do gerente do projeto no âmbito do escopo;
- de elementos para estabelecer um plano de comunicação que contemple as ações de controle de escopo.

A condução de mudanças no escopo do projeto em conjunção com outras ações de controle são, em geral, necessárias para que seus objetivos possam ser atingidos.

O sistema de controle do escopo define os procedimentos para que ele seja alterado. Deve estar integrado ao sistema geral de controle do projeto, e toda a equipe deve ter conhecimento dos documentos. Esse sistema controla todo tipo de mudança do projeto e, assim, deve também estar de acordo com o contrato firmado com o cliente.

Todas as mudanças e suas causas devem ser documentadas e comunicadas. Uma análise posterior dessas informações gera resultados positivos para serem aplicados no gerenciamento de projetos. Esse procedimento de análise – feito normalmente pela equipe do projeto – pode receber uma estrutura e é chamado de "lições aprendidas". As mudanças são analisadas e procura-se depreender delas aquelas ações que, quando adotadas, geraram melhorias substanciais no desenvolvimento do projeto. Essas ações deverão, sempre que possível, ser reaplicadas no projeto em curso ou em outros futuros. Já as mudanças oriundas de desvios ou erros deverão ser analisadas e gerar recomendações para a melhoria dos projetos em geral.

As lições aprendidas caracterizam-se por gerar um grande histórico do projeto para consultas como base de orientação em decisões futuras do projeto atual ou em outros projetos.

Finalizando o controle do escopo

Durante todo o desenvolvimento de um projeto, é importante desenvolver as atividades, utilizar documentos e processos decisórios que permitam fazer o controle para a obtenção dos resultados desejados. Um dos controles, como vimos, é realizado sobre o escopo do projeto.

Acompanhadas as mudanças de escopo, será importante atualizar a documentação do projeto.

A especificação do escopo do projeto deve compreender os novos produtos ou soluções solicitadas e que foram aceitas pela equipe do projeto e/ou pelo cliente. Já a EAP, seus respectivos pacotes de trabalho e detalhamento por meio do seu dicionário também precisam ser atualizados caso alguma alteração de escopo tenha sido implementada. Isso provocará uma alteração na referência, na linha de base do escopo, que deverá ser registrada para o gerenciamento do escopo como parte importante do projeto.

Alguns processos organizacionais podem sofrer ajustes com as mudanças oriundas de alterações de escopo. Informações transformadas em lições aprendidas e que deverão ser úteis para o projeto em questão e para outros projetos da organização deverão ser documentadas. Essas novas informações geram ativos importantes para toda a organização.

O plano de gerenciamento do projeto, portador de todas as referências, também poderá ser atualizado quando ocorrerem mudanças em seu escopo.

É óbvio que algumas alterações de escopo não gerarão alterações na documentação do projeto. Várias delas serão resolvidas por meio de planos interinos, e os eventuais desvios poderão ser corrigidos por ação gerencial, sem que seja necessário qualquer ajuste em documentos e processos.

O controle do escopo também é gerador de novas solicitações de mudança nesse âmbito. Segundo o PMI (2017a), as solicitações de mudança podem incluir, entre outras:

- ação corretiva: uma atividade intencional que realinha o desempenho do trabalho do projeto com seu plano de gerenciamento;
- ação preventiva: uma atividade intencional que garante que o desempenho futuro do trabalho do projeto esteja alinhado com seu plano de gerenciamento;
- reparo de defeito: uma atividade intencional para modificar um produto ou componente que não está em conformidade com os requisitos;
- solicitações de melhorias: mudanças em documentações formalmente controladas, planos etc.

As informações de desempenho do trabalho que são produzidas como resultado do processo incluem informação correlacionada e contextualizada e a posição do escopo do projeto quando comparado com a linha de base. Podem incluir as categorias de mudanças recebidas, as variações identificadas no escopo e suas causas, a forma como estas impactam o cronograma, o orçamento e a previsão do desempenho futuro do projeto.

Controlar o escopo compreende monitorar as pressões que podem ocorrer entre o cliente e o projeto. A falta de um processo de controle de mudanças adequadamente estruturado pode gerar inúmeros ruídos e consequentes conflitos ao longo do desenvolvimento do projeto. O processo de controlar o escopo representa a aprovação das ações corretivas, sendo essa aprovação um dos fatores específicos que devem ser controlados visando ao sucesso do gerenciamento do escopo.

Fatores críticos no gerenciamento do escopo

Planejamento do projeto

Planeje detalhadamente as etapas iniciais do projeto, pois isso é a chave para o sucesso em sua execução. Depois, defina o escopo na fase inicial do projeto, pois, não importa quanta experiência o gerente tenha, é difícil compensar a falta de definição inicial do escopo em etapas posteriores.

Use uma abordagem padrão para o projeto, se possível, mas garanta atenção aos requisitos negociais das partes interessadas. garanta também que o cliente tenha uma definição clara do que o empreendimento requer, para minimizar a probabilidade de numerosas mudanças durante o ciclo de vida do projeto.

Não hesite em questionar os anseios do cliente que aparentemente não têm relação com a resolução do problema.

Descreva as restrições e premissas na especificação do escopo do projeto e revise-as periodicamente. E não se esqueça de incluir uma seção detalhando o que está fora do escopo.

Evite questões abertas como "a melhor tecnologia disponível" ou "melhor esforço", pois podem ter uma interpretação muito ampla.

Certifique-se de que alguns componentes críticos estejam descritos no plano de gerenciamento do projeto: a especificação do escopo do projeto (com as responsabilidades de cada parte), a EAP e o dicionário da EAP, além do plano de gerenciamento do escopo contendo um processo de controle de mudanças.

Definição do escopo

Quanto mais completa a estrutura analítica do projeto, melhores serão as estimativas e mais completa a análise de risco. Quanto mais alto o nível da EAP, mais riscos deverão ser planejados para tarefas que podem ter sido negligenciadas.

Durante o processo de definição de alternativas, a equipe do projeto deve avaliar se alguma solução pode envolver subcontratados.

Siga um processo rigoroso de desenvolvimento da EAP, associado com pessoal experiente em fazer estimativas, uma vez que são críticos para produzir um cronograma realístico para o projeto.

Quando definindo o escopo (as entregas do projeto), procure fazer a pergunta: como vamos avaliar a conclusão dessa tarefa e como vamos comprovar que ela está feita? Esse processo auxilia a definição de entregas claras. Não é saudável produzir entregas que não estejam previstas no plano (*goldplating*).

Se as entregas dependem de trabalho a ser entregue pelo cliente ou subcontratados, esteja certo de que tais dependências estejam descritas.

Validação do escopo

Antecipe as entregas, procurando ouvir o que o cliente tem a dizer.

Revise o escopo e as entregas com o cliente, bem como o cronograma resultante, e estabeleça um procedimento para controle e gerenciamento de questões em aberto.

Controle do escopo

Considere o controle do escopo um mecanismo de filtragem que pode gerar um ambiente de negociação positiva e consequente.

Certifique-se de que todas as requisições de mudança sejam documentadas formalmente e registradas apropriadamente.

Mudanças podem expandir, reduzir ou modificar o escopo do projeto. Verifique se as mudanças do escopo mudam os objetivos de custo, prazo e qualidade, entre outros.

Não implante nenhuma mudança sem que uma análise de impacto tenha sido conduzida. A mudança deve ter sido discutida por todas as partes interessadas e aceita principalmente pelo patrocinador. Nenhum trabalho de implantação de mudança deve ser iniciado sem autorização formal.

Quando surge um problema que vai ocasionar uma mudança inevitável em uma das entregas planejadas, esteja certo de que a situação seja apresentada ao cliente e a outras partes interessadas apropriadas, junto com opções para reduzir o impacto.

Não realize expansões do escopo como "compensação" pelo cliente ter aceitado um atraso no cronograma ou outra concessão, como incremento nos custos ou redução na qualidade.

Gerencie as mudanças de modo a garantir que quaisquer mudanças no escopo acordado estejam alinhadas com mudanças no cronograma, no orçamento e no valor do contrato. Inclua mudanças ou atrasos no cronograma que tenham sido causados pelo cliente ou por outras fontes externas como base legítima para solicitação de mudança. Implante esse processo o mais cedo possível e torne-o parte normal do gerenciamento do projeto.

* * *

Tivemos contato, neste capítulo, com o controle do escopo, da abrangência do projeto. Ele é um elemento fundamental para ser gerenciado. Sua mudança pode representar muito para um projeto, desde um mero e pequeno atraso até uma grande mudança. Assim, vimos que as ações de controle do escopo são importantes para manter as variações de produtos e serviços devidamente administradas.

A documentação desse processo é vital para a manutenção dos ativos organizacionais no âmbito de seus projetos. Pudemos verificar isso ao analisar o escopo como um fator-chave de sucesso do empreendimento.

Conclusão

Martin Cobb (1996:1), da Secretaria do Tesouro do Canadá, formulou o chamado "paradoxo de Cobb": "Nós sabemos que os projetos falham, nós sabemos como prevenir a sua falha – então por que ainda assim eles falham?".

Como garantir o sucesso do projeto? O sucesso do projeto está intimamente ligado a assegurar que ele vai satisfazer as necessidades para as quais foi criado, ou seja, gerenciar a qualidade. Isso envolve levantar em detalhes e especificar formalmente as necessidades explícitas e implícitas dos clientes, usuários e outras partes interessadas importantes, validá-las com esses *stakeholders* e comprometer-se a entregar o que foi especificado (nada a mais). Assim, vamos atingir as expectativas mutuamente acordadas, garantindo a satisfação dos clientes. A qualidade define as necessidades do cliente e a EAP define como vamos entregá-las.

As equipes de projetos à frente de um número crescente de empreendimentos simultâneos relevantes para sua organização precisam, dentro de prazos exíguos, lidar com mudanças frequentes, visando tanto ao atendimento das expectativas das partes interessadas quanto à superação da concorrência.

O sucesso do projeto pode depender de fatores variados. A seguir estão listados alguns deles (Kimons, 2001):

- definição adequada e precisa do escopo;
- boa definição e priorização das razões para fazer o projeto;
- entendimento dos riscos potenciais que podem afetar o projeto;
- um bom plano de gerenciamento dos riscos;
- adequação para medir o desempenho, durante o andamento do projeto, de cada um dos indicadores associados aos objetivos;
- confecção de um plano de execução logo após a definição da estratégia do projeto;
- início imediato da execução de um plano de recuperação quando detectados desvios do realizado em comparação com o projetado;
- incorporação rápida de cada mudança de escopo aprovada;
- relatórios periódicos de posição adaptados aos interesses dos *stakeholders*.

Vemos, então, que o planejamento e a definição precisa do escopo são críticos para o sucesso do projeto como um todo.

O quadro 14 lista algumas recomendações relativas ao que fazer e não fazer para garantir o sucesso do gerenciamento do escopo do projeto.

Há inúmeros benefícios em confrontar o cotidiano de forma realista, com método e disciplina, tendo como referência as boas práticas de gerenciamento de projetos (Clark, 1997):

- incremento médio de 35% de produtividade por conta da melhor alocação dos profissionais;
- aumento médio de 22% na detecção precoce de desvios;
- 19% de redução média no *time-to-market* dos produtos;
- 39% de redução média dos problemas reportados após o lançamento.

CONCLUSÃO

Quadro 14
Recomendações para o sucesso do projeto

O que fazer	O que nunca fazer
Identificar, validar e comunicar os objetivos do projeto – quais e em que medida propósitos de negócio são suportados por ele?	Concordar com qualquer mudança de escopo sem aprovação das partes interessadas, particularmente patrocinador e cliente
Assegurar-se de que esses objetivos sejam realistas, condizentes com os limites ou fronteiras de atuação do próprio projeto	Comprometer-se a cumprir requisitos que você não tem condições de cumprir
Reconhecer o escopo de outros projetos – acordar fronteiras e evitar duplicação de tarefas ou responsabilidades	Permitir que as partes interessadas tenham expectativas não realistas
Garantir que todas as partes interessadas principais concordem e entendam o escopo do projeto	Eliminar atividades de teste, qualidade etc. para atender às restrições de tempo e custo do projeto; ou desconsiderar qualquer esforço que faça parte do escopo do projeto, como treinamento ou implementação
Se o tempo é crítico, buscar consenso sobre que funcionalidade pode ser deixada de fora	
Garantir que sua análise das partes interessadas seja abrangente, constantemente revisada, de modo a identificar novas partes interessadas ou prioridades, e compartilhada com sua equipe	Tratar o gerenciamento das partes interessadas como uma tarefa de baixa prioridade. Esse é um dos fatores mais críticos para o sucesso do projeto
Estar certo de entender como as partes interessadas veem seu projeto	Achar que não há nada a ser comunicado
Adaptar as estratégias de influência e comunicação para atingir as necessidades de cada indivíduo ou grupo	Ignorar partes interessadas que têm poder e se opõem a suas iniciativas, na esperança de elas irem embora
Usar grupos de aliados para influenciar positivamente os indecisos	Permitir que oponentes sabotem sua estratégia
Verificar se as partes interessadas estão de acordo com eventuais mudanças no escopo do projeto	Assumir que a resistência é causada pela falta de informação e pode ser revertida por argumentos lógicos

Vimos que o gerenciamento do escopo é fundamental para determinar corretamente as atividades a serem desenvolvidas no projeto, de modo a produzir as entregas previstas. Estas devem ser claramente definidas e acordadas, seguindo um processo formal.

Assim, o processo de gerenciamento do escopo deve ser conduzido com precisão e detalhe, uma vez que o escopo do projeto forma a base do trabalho a ser feito e a base do que vai ser cobrado do cliente. A falha em definir com previsão o que deve ser feito vai provavelmente impactar o lucro de um projeto, ou pior, resultar em entregas que o cliente se recusa a aceitar. Não se deve assumir que o trabalho descrito na especificação ou na solicitação de proposta representa uma definição clara do trabalho que deve ser feito na realidade.

É importante começar tendo em mente o final do projeto. Como determinado componente contribuirá para a entrega final? A correta avaliação das expectativas explícitas e implícitas do cliente e das demais partes interessadas está na base do processo de qualidade, e essas expectativas devem ser gerenciadas para o sucesso do projeto. Não é possível dar margem a mal-entendidos ou pressuposições errôneas. As intenções do cliente devem estar formalizadas na especificação do escopo e detalhadas na estrutura analítica do projeto e em uma matriz de acompanhamento dos requisitos.

Quando há diferença entre o escopo definido e acordado e o trabalho que deve ser feito, é fundamental que os processos de controle de mudanças sejam implementados. As mudanças fazem parte do processo e geralmente são inevitáveis. O processo de controle de mudanças, sem dúvida, introduz certo nível de burocracia no processo, e como as pessoas não gostam de burocracia, acabam não investindo no controle de mudanças. O sistema de controle de mudanças deve instituir, sem margem para dúvidas, a burocracia necessária para que as mudanças sejam encaradas como parte normal do ciclo de vida do gerenciamento de projetos.

É importante lembrar que a falta de controle, muitas vezes, está no processo de comunicação e não nos mecanismos de acompanhamento do escopo. É necessário resolver questões ligadas ao escopo tão cedo quanto possível, a fim de evitar a insatisfação

CONCLUSÃO

do cliente, do patrocinador ou de outra parte interessada. Para minimizar a chance de que isso ocorra, comunicação regular e detalhada deve ser mantida entre a equipe do projeto e os clientes durante o desenvolvimento da especificação do escopo, a qual deve ser formalmente aprovada pelo cliente principal para que se torne a fundação da linha de base do projeto.

Por fim, lembre que é importante endereçar as mudanças tão cedo quanto possível. Nós todos reconhecemos que os projetos estão sendo desenvolvidos em um mundo em mutação. Isso significa que as mudanças vão ocorrer. Não tenha medo delas. Tente transformá-las em uma situação "ganha-ganha", tanto para a equipe do projeto quanto para os clientes, e garanta o sucesso de seu projeto de vida.

Referências

ASSOCIAÇÃO BRASILEIRA DE NORMAS TÉCNICAS (ABNT). *NBR ISO 10006*: gestão da qualidade – diretrizes para a qualidade na gestão de projetos. Rio de Janeiro: ABNT, 2006.

AUGUST, Judy H. *JAD*: joint application design. São Paulo: Makron Books, 1993.

BARRA, Ralph. *Trabalho em grupo*: guia prático para formar equipes eficazes. Rio de Janeiro: Qualitymark, 1993.

BUZAN, Tony. *The mind map book*: how to use radiant thinking to maximize your brain's untapped potential. Nova York: Dutton, 1994.

CHAVES, Lucio et al. *Gerenciamento da comunicação em projetos*. 3. ed. Rio de Janeiro: FGV Ed., 2013.

CLARK, Bradford K. *Effects of process maturity on development effort center for software engineering*. Los Angeles, CA: University of Southern California, 1997. Disponível em: <http://sunset.usc.edu/~bkclark/Research/PMAT990406.pdf>. Acesso em: 25 nov. 2005.

COBB, Martin. *Unfinished voyages*: a follow-up to the CHAOS Report. Boston, MA: Standish Group Report, 1996. Disponível em: <www.standishgroup.com/sample_research/unfinished_voyages_1.php>. Acesso em: 17 nov. 2003.

DE BONO, Edward. *O pensamento lateral na administração*. São Paulo: Saraiva, 1994.

FOURNIER, Roger. *Guia prático para o desenvolvimento e manutenção de sistemas estruturados*. São Paulo: Makron Books, 1994.

KEELING, Ralph. *Gestão de projetos*: uma abordagem global. São Paulo: Saraiva, 2002.

KERZNER, Harold. *Project management*: a systems approach to planning, scheduling and controlling. 10. ed. Hoboken, NJ: John Wiley & Sons, 2009.

KIMONS, Robert L. *Picking projects for profitability*. Newtown Square, PA: PM Network, dez. 2001.

KOTLER, Philip. *Administração de marketing*: análise, planejamento, implementação e controle. 3. ed. São Paulo: Atlas, 1993.

MARSHALL JUNIOR, Isnard et al. *Gestão da qualidade*. Rio de Janeiro: FGV Ed., 2003.

MAXIMIANO, Antonio Cesar Amaru. *Administração de projetos*: como transformar ideias em resultados. 2. ed. São Paulo: Atlas, 2002.

MENEZES, Luís César de Moura. *Gestão de projetos*. 2. ed. São Paulo: Atlas, 2003.

NATIONAL AERONAUTICS AND SPACE ADMINISTRATION (NASA). *Best of Nasa documentary*. Washington, DC: Nasa, 2001.

PARASURAMAN, A.; ZEITHAML, V. A.; BERRY, L. L. *A conceptual model of service quality and its implications for future research*. Cambridge: Marketing Science Institute, 1985.

PROJECT MANAGEMENT INSTITUTE (PMI). *Practice standard for work breakdown structures*. 2. ed. Newtown Square, PA: PMI, 2006.

_____. *PM SURVEY.ORG 2012*. Newtown Square, PA: PMI, 2012. Disponível em: <http://pmsurvey.org/>. Acesso em: 25 maio 2013.

_____. *A guide to the project management body of knowledge (PMBOK® Guide)*. 6. ed. Newtown Square, PA: PMI, 2017a.

_____. *Project management job growth and talent gap 2017-2027*. Newtown Square, PA: PMI, 2017b.

THE STANDISH GROUP. *CHAOS Report 2015*. Boston, MA: The Standish Group, 2015.

XAVIER, Carlos Magno da Silva. *Gerenciamento de projetos*: como definir e controlar o escopo do projeto. 2. ed. São Paulo: Saraiva, 2009.

_____ et al. *Aquisições em projetos*. Rio de Janeiro: FGV Ed., 2006.

_____. *Metodologia de gerenciamento de projetos – Methodware®*: abordagem prática de como iniciar, planejar, executar, controlar e fechar projetos. 3. ed. Rio de Janeiro: Brasport, 2014.

Apêndice
Exemplos de EAP

Os exemplos a seguir são ilustrativos apenas, uma vez que a equipe de gerenciamento do projeto pode optar por outras formas de decomposição do escopo.

O item "Ger. do projeto", que contém as entregas necessárias para um adequado gerenciamento do projeto, não foi detalhado, uma vez que se repete em todos os exemplos de EAP apresentados.

Projeto de uma festa de 15 anos

1......Festa 15 anos
1.1......Ger. do projeto (não detalhado aqui para não ficar repetitivo)
1.2......Preparação do evento
1.2.1......Reunião para seleção de tema, data e local
1.2.2......Lista de convidados
1.2.3......Definição do limite do orçamento
1.2.4......Contratação de materiais e serviços
1.2.5......Ensaio da valsa
1.2.6......Roupa para a família e damas
1.2.7......Divulgação
1.2.7.1......Convites
1.2.7.2......Entrega dos convites

1.2.7.3......Nota na imprensa
1.3......Festa
1.3.1......Local
1.3.1.1......Salão
1.3.1.2......Toldos
1.3.1.3......Iluminação
1.3.1.4......Decoração
1.3.1.4.1......Decoração do salão
1.3.1.4.2......Decoração das mesas
1.3.2......*Buffet*
1.3.3......Música
1.3.4......Cerimonial
1.3.5......Serviços de apoio
1.3.5.1......Orador
1.3.5.2......Fotografia
1.3.5.3......Filmagem
1.3.5.4......Segurança
1.3.5.5......Transporte
1.3.5.6......Limpeza
1.4......Finalização do evento
1.4.1......Pagamento das contas
1.4.2......Cartões de agradecimento
1.4.3......Entrega dos cartões de agradecimento
1.4.4......Relatório do evento

Projeto de uma montagem teatral

1......Montagem teatral
1.1......Ger. do projeto (não detalhado aqui para não ficar repetitivo)
1.2......Produção
1.2.1......Escolha do autor/texto

1.2.2......Escolha do diretor
1.2.3......Seleção do elenco
1.2.4......Escolha do local
1.2.5......Levantamento dos custos
1.2.5.1......Aluguel do teatro
1.2.5.2......Direito autoral – SBAT
1.2.5.3......Direção/elenco/local
1.2.5.4......Cenário/iluminação/figurino/sonorização
1.2.5.5......Divulgação
1.2.5.6......Equipe de apoio (operadores/técnicos/montadores)
1.2.6......Patrocinadores
1.2.6.1......Âncora
1.2.6.2......Apoiadores
1.2.7......Contratação
1.3......Montagem
1.3.1......Preparação do elenco (ensaio)
1.3.2......Fabricação do cenário
1.3.3......Confecção dos figurinos
1.3.4......Iluminação
1.3.5......Sonorização
1.3.6......Divulgação na imprensa
1.3.7......Confecção/distribuição de convites
1.3.8......Apresentação
1.3.8.1......Estreia
1.3.8.2......Encenação
1.4......Apuração de resultados
1.4.1......Pesquisa de opinião
1.4.2......Retorno financeiro do investimento

Contribuição: Italo Lomba Bastos Júnior.

Projeto de produção de livro técnico

1......Ger. do projeto (não detalhado aqui para não ficar repetitivo)
2......Produção editorial
2.1......Preparação de matérias
2.2......Esboço de ilustrações
2.3......Revisão ortográfica e gramatical
2.4......Preparo da ficha técnica
2.5......Registro direito autoral
2.6......Registro (ISBN)
3......Produção gráfica
3.1......Projeto gráfico
3.1.1......Capa
3.1.2......Miolo
3.2......Gráficos e ilustrações
3.3......Diagramação
3.4......Fotolitos
3.4.1......Fotolitos da capa
3.4.2......Fotolitos do miolo
3.4.3......Prova de prelo
3.4.4......Prova heliográfica
3.5......Impressão
3.6......Acabamento
4......Divulgação
4.1......Parceria comercial
4.2......Entrega para distribuição

Contribuição: Davi Miranda, Denis Matias, Fabiano Jardim, Pedro Oishi, Roberto Pons e Virgílio Costa.

Projeto de ampliação de uma fábrica

1......Ampliação de fábrica
1.1......Início da obra
1.2......Sondagem
1.3......Projetos
1.3.1......Arquitetônico
1.3.2......Estrutural
1.3.3......Contenção
1.4......Regularização do projeto junto à prefeitura
1.5......Serviços preliminares
1.5.1......Depósito
1.5.2......Demolições 1º andar
1.5.3......Demolições 2º andar
1.5.4......Demolição da escada de acesso 2º andar
1.5.5......Remoção de entulho 1º andar
1.5.6......Remoção de entulho 2º andar
1.5.7......Instalação e locação
1.6......Muros de contenção
1.6.1......Muro de contenção – fundos
1.6.2......Muro de contenção lateral
1.7......Fundações
1.7.1......Blocos e sapatas armadas
1.7.2......Cintas de travamento (fundação)
1.8......Estrutura (pilares + cintas de travamento)
1.8.1......Formas
1.8.2......Armação
1.8.3......Concretagem
1.8.4......Desforma
1.9......Cobertura
1.9.1......Confecção das treliças
1.9.2......Instalação das treliças

1.9.3 Colocação das telhas
1.9.4......Calhas
1.10......Utilidades
1.10.1......Instalações elétricas
1.10.2......Instalações hidráulicas
1.10.3......Instalações de GN
1.10.4......Instalações oxigênio
1.10.5......Instalações propano
1.10.6......Instalações ar comprimido
1.10.7......Instalações mecânicas
1.11......Acabamento
1.11.1......Paredes
1.11.1.1......Assentamento alvenaria
1.11.1.2......Chapisco
1.11.1.3......Reboco
1.11.1.4......Emassamento
1.11.1.5......Pintura
1.11.1.6......Divisórias
1.11.2......Piso
1.11.2.1......Enchimentos e regularizações
1.11.2.2......Contrapiso
1.11.2.2.1......Armação
1.11.2.2.2......Concretagem
1.11.2.2.3......Juntas de dilatação
1.11.2.3......Serviços de acabamento
1.11.3......Esquadrias
1.11.3.1......Assentamento de janelas
1.11.3.2......Assentamento de portas
1.11.3.3......Assentamento de venezianas
1.11.4......Vidro
1.12......Instalação da linha de produção
1.12.1......Chegada do equipamento no porto
1.12.2......Liberação alfandegária

1.12.3......Transporte
1.12.4......Descarregamento
1.12.5......Montagem de equipamentos
1.13......Ger. do projeto (não detalhado aqui para não ficar repetitivo)
Contribuição: Túlio Teixeira.

Projeto de um condomínio residencial

1......Condomínio residencial
1.1......Gerenciamento do projeto (não detalhado aqui para não ficar repetitivo)
1.2......Projetos
1.2.1......Anteprojeto
1.2.1.1......Levantamento planialtimétrico
1.2.1.2......Levantamento das leis de uso do solo e zoneamento
1.2.1.3......Apresentação do anteprojeto
1.2.1.4......Aceite do anteprojeto
1.2.1.5......Estudo de viabilidade econômica
1.2.2......Apresentação
1.2.2.1......Apresentação do projeto de arquitetura
1.2.2.2......Apresentação do projeto urbanístico (implantação)
1.2.2.3......Aceite das apresentações
1.2.3......Aprovação em órgãos públicos
1.2.3.1......Elaboração dos desenhos para aprovação nos órgãos públicos
1.2.3.2......Acompanhamento dos processos até a liberação dos alvarás
1.2.3.3......Solicitação do "habite-se" após a conclusão da obra
1.2.3.4......Acompanhamento dos processos até a liberação do "habite-se"
1.2.4......Projeto base
1.2.4.1......Projeto base de arquitetura
1.2.4.2......Projeto base de urbanismo
1.2.5......Projeto executivo

1.2.5.1......Projeto executivo e detalhes
1.2.5.2......Projeto estrutural e cálculos
1.2.5.3......Projeto de instalações hidráulicas
1.2.5.4......Projeto de instalações elétricas
1.2.5.5......*As built*
1.2.5.6......Projeto paisagístico e iluminação
1.3......Construção
1.3.1......Serviços preliminares
1.3.1.1......Terraplanagem
1.3.1.2......Canteiro de obras
1.3.2......Infraestrutura
1.3.2.1 Topografia
1.3.2.2......Drenagem e esgoto
1.3.2.3......Arruamento
1.3.2.4......Iluminação pública
1.3.2.5......Muro de fechamento e guarita
1.3.3......Residências
1.3.3.1......Fundações
1.3.3.2......Estrutura
1.3.3.3......Acabamento
1.3.3.3.1......Revestimentos
1.3.3.3.2......Instalações
1.3.3.3.3......Esquadrias
1.3.3.3.4......Cobertura
1.3.4......Paisagismo
1.3.4.1......Praças
1.3.4.2......Residências
1.3.5......Conclusão da obra
1.4......Marketing & comercial
1.4.1......Divulgação (mídia)
1.4.2......Lançamento (evento)
1.4.3......Vendas (contrato)

Contribuição: Albino Mercado, Marcelo Cardoso Gothe, Marcos Andrade Batista, Nilton Sergio Capuano, Rogério Rocha e Silva Mandetta.

EXEMPLOS DE EAP

Projeto de lançamento de um novo veículo

1......Lançamento novo veículo
1.1......Ger. do projeto (não detalhado aqui para não ficar repetitivo)
1.2......Definição do produto
1.2.1......Análise da concorrência
1.2.2......Pesquisa de mercado
1.3......Definição do modelo de estilo
1.3.1......Pré-estudos (desenho)
1.3.2......Construção de maquetes
1.4......Descrição técnica do produto
1.4.1......Valorização do investimento e custo do produto
1.4.1.1......Avaliação de custos
1.4.1.2......*Payback*
1.4.2......Definição de chassi
1.4.3......Definição de carroceria
1.4.4......Definição de instalação elétrica
1.4.5......Definição de motor
1.5......Desenvolvimento do projeto do produto
1.5.1......Projeto do produto
1.5.1.1......Planejamento
1.5.1.2......Detalhamento
1.5.2......Elaboração matemática das peças
1.6......Desenvolvimento do projeto do processo
1.6.1......Projeto do processo
1.6.1.1......Análise de investimento
1.6.1.2......Análise de mão de obra
1.6.1.3......Definição da capacidade produtiva
1.6.2......Relatório de impacto operacional
1.7......Construção de protótipos
1.7.1......Definição de fornecedores e contratações
1.7.2......Recebimento de peças
1.7.3......Montagem de protótipos

1.7.4......Testes sobre protótipos
1.8......Construção de ferramental
1.8.1......Definição dos ferramentais
1.8.2......Fabricação do ferramental
1.8.3......Qualificação do ferramental
1.9......Pré-séries
1.9.1......Recebimento de peças
1.9.2......Montagem de pré-séries
1.9.3......Testes de durabilidade e confiabilidade
1.9.4......Aprovação do processo produtivo
1.10......Desenvolvimento do *site* de vendas *on-line*
1.10.1......Contratação de fornecedores
1.10.2......Elaboração do *site*
1.10.3......Aprovação do *site*
1.11......Treinamento da rede assistencial
1.11.1......Contratação das empresas para treinamento
1.11.2......Definição do treinamento
1.11.3......Realização do treinamento
1.11.4......Certificação
1.12......Início de produção
1.12.1......Programação dos componentes
1.12.2......Programação da produção
1.12.3......Montagem
1.13......Lançamento do produto
1.13.1......Definição da publicidade
1.13.2......Contratação da empresa de publicidade
1.13.3......Divulgação do produto na mídia
1.13.4......Evento de lançamento
1.14......Fechamento
1.14.1......Memória técnica
1.14.2......Encerramento de contratos
1.14.3......Relatórios de lições aprendidas
1.14.4......Encerramento do projeto

EXEMPLOS DE EAP

Projeto de remodelagem e automatização de processo

1......Remodelagem e automatização de processo
1.1......Ger. do projeto (não detalhado aqui para não ficar repetitivo)
1.2......Modelagem do processo atual
1.2.1......Lista dos funcionários e setores envolvidos
1.2.2......Formação da equipe de validação
1.2.3......Levantamento do processo atual
1.2.4......Reunião de validação do processo atual
1.2.5......Modelo do processo atual
1.3......Modelagem do processo otimizado
1.3.1......Levantamento de alternativas de solução
1.3.2......Reunião de formulação do processo otimizado
1.3.3......Escolha da solução a ser implementada no *software*
1.3.4......Apresentação da solução à equipe de validação
1.3.5......Registro dos ajustes apontados
1.3.6......Modelo do processo otimizado
1.4......Implementação do processo otimizado
1.4.1......Desenvolvimento do *software*
1.4.2......Testes preliminares
1.4.2.1......Plano de testes
1.4.2.2......Teste
1.4.2.3......Relatório preliminar de testes
1.4.3......Reunião de avaliação do relatório dos testes
1.4.4......Ajustes após avaliação
1.4.5......Manuais
1.4.5.1......Manual de operação
1.4.5.2......Manual do usuário
1.5......Implantação
1.5.1......Estratégia de implantação
1.5.2......Instalação do sistema
1.5.3......Migração de dados

1.5.4......Treinamento
1.5.5......Início da operação (marco)
1.6......Encerramento do projeto
1.6.1......Acompanhamento do início da operação
1.6.2......Relatório das lições aprendidas
1.6.3......Relatório do projeto

Projeto de desenvolvimento de sistema utilizando o método tradicional (em cascata)

1......Desenvolvimento de sistema pelo método tradicional
1.1......Ger. do projeto (não detalhado aqui para não ficar repetitivo)
1.2......Infraestrutura de desenvolvimento
1.2.1......*Hardware*
1.2.2......*Software*
1.2.3......Treinamento da equipe de desenvolvimento
1.3......Levantamento
1.3.1......Entrevistas
1.3.2......Modelo funcional atual
1.3.3......Modelo de dados atual
1.3.4......Alternativas de solução
1.3.5......Seleção alternativa
1.4......Projeto
1.4.1......Modelo funcional proposto
1.4.2......Modelo de dados proposto
1.5......Implementação
1.5.1......Prototipagem
1.5.1.1......Desenho de telas
1.5.1.2......Relatório de alterações
1.5.1.3......Realização das alterações
1.5.1.4......Aceite do cliente

1.5.2......Desenvolvimento
1.5.2.1......Projeto físico
1.5.2.2......Codificação dos módulos
1.5.2.3......Plano de testes unitários
1.5.2.4......Plano de testes integrados
1.5.3......Testes
1.5.3.1......Plano de testes
1.5.3.2......Testes unitários I
1.5.3.3......Testes integrados I
1.5.3.4......Resultado dos testes I
1.5.4......Ajustes e correções
1.5.4.1......Ajustes e correções I
1.5.4.2......Testes unitários II
1.5.4.3......Testes integrados II
1.5.4.4......Resultado dos testes II
1.5.4.5......Relatório de ajustes e correções II
1.5.4.6......Ajustes e correções II
1.5.5......Documentação
1.5.5.1......Manual do sistema
1.5.5.2......Manual do usuário
1.5.5.3......Manual de operação
1.5.5.4......Material de treinamento
1.6......Implantação
1.6.1......Configuração da infraestrutura
1.6.2......Instalação do sistema
1.6.3......Testes do cliente
1.6.4......Conversão dos dados
1.6.5......Treinamento
1.6.6......Operação assistida
1.6.6.1......Ajustes e correções
1.6.6.2......Acompanhamento
1.7......Fechamento

1.7.1......Aceite formal do cliente
1.7.2......Relatório de lições aprendidas
1.7.3......Comemoração

Projeto de implantação de um pacote de ERP (*enterprise resource planning*)

1......Projeto de implantação de um ERP
1.1......Ger. do projeto (não detalhado aqui para não ficar repetitivo)
1.2......Definição
1.2.1......Definição de fronteiras/escopo do produto
1.2.2......Análise dos impactos
1.2.3......Comprometimento com o projeto
1.2.4......Formação da equipe
1.3......Estudo de viabilidade
1.3.1......Relatório técnico preliminar
1.3.2......Medida dos impactos nos negócios
1.3.3......Avaliação do custo
1.3.4......*Payback period*
1.3.5......Relatório consolidado
1.3.6......Apresentação do estudo
1.4......Seleção de pacote x desenvolvimento
1.4.1......*Request for proposal*
1.4.2......Análise das propostas
1.4.2.1......Análise dos custos (TCO – *total cost of ownership*)
1.4.2.1.1......Custos de preparação
1.4.2.1.1.1......Reestruturação dos processos
1.4.2.1.1.2......Curva de aprendizagem
1.4.2.1.1.3......Treinamento
1.4.2.1.1.4......Infraestrutura
1.4.2.1.1.4.1......Aquisição de novo *hardware*

1.4.2.1.1.4.2......Atualização de banco de dados
1.4.2.1.1.4.3......Atualização da rede
1.4.2.1.2......Custos de implantação
1.4.2.1.2.1......Consultorias
1.4.2.1.2.2......Customização
1.4.2.1.2.3......Migração dos dados dos sistemas legados para o novo sistema
1.4.2.1.2.4......Integração
1.4.2.1.2.5......Testes
1.4.2.1.3......Custos de operação
1.4.2.1.3.1......Administração da rede
1.4.2.1.3.2......Administração do novo sistema
1.4.2.2......Análise de características (ISO/IEC9126)
1.4.2.2.1......Funcionalidade
1.4.2.2.2......Confiabilidade
1.4.2.2.3......Usabilidade
1.4.2.2.4......Eficiência
1.4.2.2.5......Manutenibilidade
1.4.2.2.6......Portabilidade
1.4.2.3......Análise da arquitetura de informação
1.4.2.3.1......Infraestrutura tecnológica
1.4.2.3.2......Metodologia de desenvolvimento dos trabalhos
1.4.2.3.3......Ferramentas de suporte ao projeto
1.4.2.3.4......Estratégia de implantação
1.4.3......Relatório da seleção
1.5......Contratação do pacote/desenvolvimento
1.5.1......Redação do contrato
1.5.2......Negociação do contrato
1.5.3......Parecer jurídico
1.5.4......Assinatura do contrato
1.6......Preparação da implantação
1.6.1......Quebra de resistências (*change management*)

1.6.2......Reestruturação dos processos
1.6.3......Treinamento
1.6.4......Infraestrutura
1.6.4.1......Aquisição de novo *hardware*
1.6.4.2......Atualização do banco de dados
1.6.4.3......Atualização da rede
1.7......Customização
1.7.1......Adaptações do *software*
1.7.2......Migração
1.7.3......Testes
1.7.4......Correções
1.8......Implantação
1.8.1......Instalação
1.8.2......Treinamento
1.8.3......Migração final
1.8.4......Validação
1.8.5......Correções
1.9......Início da operação
1.9.1......Acompanhamento inicial
1.9.2......Correções
1.10......Fechamento

Autores

Mauro Afonso Sotille
Especialista em administração de empresas e em ciências da computação pela Universidade Federal do Rio Grande do Sul (UFRGS). Bacharel em informática pela Pontifícia Universidade Católica do Rio Grande do Sul (PUC-RS), engenheiro pela UFRGS e graduado no PMI Leadership Institute Masters Class. Doutorando em administração de empresas pela Universidade Nacional de Rosário (Argentina). Foi mentor regional do Project Management Institute (PMI) para o Brasil e presidente do PMI no Rio Grande do Sul. É certificado PMP, PMI-RMP, PMO-CC, COBIT5 e ITIL. Possui mais de 25 anos de experiência em gestão e planejamento, tendo atuado em empresas como Dana, Hewlett-Packard e Saab-Scania. Coautor dos livros *Como se tornar um profissional em gerenciamento de projetos: livro base de preparação para certificação PMP* e *PMO: escritórios de gerenciamento de projetos, programas e portfólio*. Foi membro da equipe que revisou o *Guia PMBOK®* 6ª edição. Professor convidado do FGV Management desde 2002.

Luís César de Moura Menezes
Mestre em engenharia da produção pelo Instituto Alberto Luiz Coimbra de Pós-Graduação e Pesquisa de Engenharia (Coppe) da Universidade Federal do Rio de Janeiro (UFRJ). Engenheiro

mecânico pela Universidade de São Paulo. Apresenta atuação acadêmica na Universidade de São Paulo (USP), Universidade Federal de São Carlos e Insper Instituto de Ensino e Pesquisa. Professor convidado do Programa de MBA da Fundação Getulio Vargas, Fundação Instituto Administração (FIA) da USP e HSM Educação. É membro do PMI Project Management Institute e certificado internacionalmente como PMP pelo mesmo instituto. Consultor de empresas como Petrobras, Sabesp, Foz do Brasil, Cemig, Duke Energy, Comgás, Computer Associates, Syngenta, ABB, CPqD, Promon, Vivo, Nielsen, TV Globo, Datasus, entre outras.

Luiz Fernando da Silva Xavier
Mestre em administração de empresas pela Universidade Federal Fluminense (UFF), certificado como PMP e RMP pelo Project Management Institute (PMI), especialista em análise de sistemas pelo Instituto Brasileiro de Pesquisas em Informática (IBPI) e graduado em ciências econômicas pela UFF. Possui mais de 30 anos de experiência profissional em gerenciamento de projetos e processos empresariais. Coautor dos livros *Metodologia de gerenciamento de projetos – Methodware®*, *Metodologia simplificada de gerenciamento de projetos Basic Methodware*, *Projetos de infraestrutura de TIC Basic Methodware*, *Gerenciamento de projetos de inovação, pesquisa e desenvolvimento (P&D)*, *Gerenciamento de projetos de construção civil*, *Gerenciamento de projetos esportivos*, além de *Gerenciamento de projetos de mapeamento e redesenho de processos*. Professor convidado do FGV Management desde 1998.

Mário Luís Sampaio Pereira
Pós-graduado em administração de empresas pela Escola de Administração de Empresas de São Paulo (Eaesp) da Fundação Getulio Vargas (FGV) e pela Federação das Associações Comerciais do Estado de São Paulo (Facesp). Graduado em arquitetura e

urbanismo pela Universidade Federal do Rio de Janeiro (UFRJ), em informática pela Pontifícia Universidade Católica do Rio de Janeiro (PUC-Rio), além de certificado pelo Project Management Institute (PMI) como PMP desde 2001. Consultor de negócios e projetos e professor do FGV Management. Coautor dos livros *Gerenciamento de escopo em projetos* e *PMO: escritórios de projetos, programas e portfólio na prática*. Doutorando em administração de empresas pela Universidade de Rosário (Argentina) e mestre em inteligência competitiva pelo convênio UFRJ/INT/Universidade Aux-Marseille (França). Dedica-se ao gerenciamento profissional de projetos há mais de 23 anos, período ao longo do qual vem liderando projetos de grande porte, em organizações no Brasil e no exterior, associados à capacitação de média e alta gerência (presencial e a distância), planejamento estratégico, marketing em rede, modelagem de processos, fábricas de SW, PMO e metodologia unificada de gerenciamento de projetos. Também atuou na área de TI por mais de 11 anos, tendo sido executivo de empresas nacionais e multinacionais.

Este livro foi impresso nas oficinas gráficas da Editora Vozes Ltda.,
Rua Frei Luís, 100 – Petrópolis, RJ.